ちくま新書

武士道の精神史

笠谷和比古
Kasaya Kazuhiko

1257

武士道の精神史【目次】

はじめに

武士道とは何か。この問いに対する答えは簡単ではありません。日本人ならば武士道と言われると何となく分かっているようであるけれども、いざ説明を求められると尻込みしてしまいそうです。分かっているようで、よく分かっていない。

武士道を解説した有名な本に、新渡戸《にとべ》稲造《いなぞう》の『武士道』があります。同書は新渡戸がアメリカに滞在していた一八九九（明治三二）年、英文で書かれてフィラデルフィアで出版されました。

当時はまだ、日本が発展途上にあった時代のことです。日本に対する偏見も少なくなかったことでしょう。そのような偏見を乗り越え、日本文化を外国の人に正しく理解してもらうことを主たる目的として同書は書かれています。そして、日本の文化伝統の中には、西洋の騎士道にも比すべき武士道というものが存在することを論じ、その道徳性の高さを謳ったのでした。

新渡戸の『武士道』はその論旨の明快さと達意の英文とが相まって、諸外国において好評を博し、二十数ケ国語に翻訳されるとともに、日本国内においても日本語訳が岩波文庫などにおさめられることによって広い読者を獲得するにいたっています。

しかしながら、そんな新渡戸の武士道論はもっぱら外国人を対象として叙述された啓蒙的なものです。武士道を論ずるにあたって必須の文献とされる、佐賀藩鍋島家の『葉隠』などの重要史料は、外国にある新渡戸にとって、その閲覧を望むべくもありませんでした。そこで、新渡戸が武士道を説明するために用いた事例は、もっぱら彼が昔から見聞きしていた歌舞伎や文楽などのストーリーであったり、子供の頃から慣れ親しんでいた源義経たちの武者物語などでした。

そこからして、新渡戸の武士道論に対する批判もさまざまな形でわき起こってきました。新渡戸の議論は、厳密な意味で武士道というものを明らかにしているのか。それとも、新渡戸が西洋の騎士道になぞらえる形で、武士道というイメージを作りあげたのではないか。新渡戸の描く武士道なるものは、近代の明治という時代が作り上げた虚像なのではないかといった批判です。

本書ではこのような事情を鑑みて、武士の社会における武士道なるものの実態を、歴史学の実証主義の方法を用いて明らかにすることに努めたく思っています。次いで武士道をめぐる心性に焦点をあわせて、それが時代の推移とともにどのように展開していくのか、また武士の階層を超えて一般庶民の社会に対して影響を及ぼしていく様相を解明し、武士道が現代にまでつながる日本人の心と行動のあり方を形成してきた過程を明らかにしていきたいと考えています。

本書の主旨は次のとおりです。

武家社会は、清和源氏の系図に示されているように、血族としての「氏《ウジ》」の一体性を、系図の枝分かれによるタテの直系家族の継承を基準として分解し、「家《イエ》」という独特の親族集団を形成しつつ発達しましたが（第1章）、それにともなって、高い戦闘技術を中核においた価値観や規範や道徳が自然に形成されることになる（第2章）。そうした規範はやがて戦国時代末から徳川時代にかけて「武士道」という名をもって書物にまとめられ、勇猛果敢な武人としての在り様を規定した甲州武田家の『甲陽軍鑑』、精神面をより重視した『諸家評定』、さらに広く一般庶民にも読まれベストセラーとなった『可笑記』に至るまで、いずれも武士道という理念を普及させることになる（第3章）。

戦闘なき徳川時代に入ると、武士道は大幅な変容を迫られて、内面的な「徳義」へと重きを置くようになる（第4章）。誤読されがちな点であるが、代表的な武士道書と目される『葉隠』においても、武士道は「死」ではなく、高い次元の「生」を追究するものへと昇華していく。また、同じく武士道が重視した忠義も決して盲目的なものではなく、時によって主君を座敷牢に投じる「押込」ですら正当性が認められていた（第5章）。それは信義の重視へと繫がり、また仇討ちを正当化する論理とも結びついた（第6章）。

武士道が庶民の中にも広く浸透した結果、江戸後期には武士よりも庶民の仇討ち件数が増加していた（第7章）、経済倫理へと伝播して、米取引における信用取引・先物取引など新しい商業システムを発生させていくことになる（第8章）。またその精神は、人の心の在り様として女性にも及んでいた（第9章）。

以上のように、概念としての武士道は徳川時代には完成を見たが、時代が明治に入ると、また違った角度から武士道ブームが起きることになる。しかしそれは国家主義と結びついて、天皇ただ一人への忠誠を誓うものへと変質していく（第10章）。

歴史のなかで変転する「武士道」にあっても、その根本的なエートス（倫理的な心情）は今日にいたるまで生き続けており、それを最後に「忠」「義」「勇」「誠」「証」「礼」「普」の七原則にまとめています（第11章）。

序章　現代にとって武士道とは何か

そもそも「武士道」とは何か。日本の社会から武士という存在がいなくなった今日では、当然なことながら、それを目の当たりにするという機会は失われてしまっています。

現代において武士道といえば、一般には剣道や柔道といった武道家や、いわゆるアスリートと呼ばれる人たちの「闘争の精神」といったとらえ方をされることが多いようです。また、自衛隊や海上保安庁など、国の平和を守るために働く職員の心構えとして、武士道の精神が取り上げられることもあります。言うなれば、もっぱら戦う人、あるいは戦う技との関連の中でしか、武士道が意識されることはなくなっているという印象があります。

それも、もちろん大切です。アスリートたちの武士道、国の平和を守る職域にある人々の武士道、それが重要であることは言を待ちません。しかしながら、私がお伝えしたいのは、特定の人たちの間でのみ意識される武士道の考え方ではなく、もっと一般の人々にまで広がりをもった、そして普通の日常生活の中に生きているような武士道のあり方についてです。実際、過去の文献や事例を紐解くと、武士道は現代に生きるわれわれにとって、より広い意味を持つ概念として伝えられてきたことがわかります。

これまで、武士道を意識したことなどなかったという一般の人も、自分は武士道なんかとは無縁だと言っている人も、実はさまざまな場面で武士道の教えに則した思考をしていたり、あるいは実践していたりするものです。武士道とは、決して古き時代の遺物ではありません。また武士の存在は消えても、武士道の精神は日本人の生き方の中に連綿と受け継がれているのです。

しかも、その精神性は男性のみならず、女性も含めて日本人の心に深く根付いています。そして、今日的な諸問題に対しても、武士道はなにがしかの解決への指標を示してくれるものであると私は考えています。

†日本の三面記事が世界のトップニュースに

最初に、私たちの日常生活の中に認められる武士道というものについて考えてみたいと思います。

ご覧いただきたい一枚の写真があります。皆さんはご存知でしょうか。やや旧聞に属し

図①　電車とホームの間に転落して挟まれた女性を救出するため、車両を押して傾ける乗客や駅員（読売新聞社）

ますが、二〇一三年七月二二日にJR南浦和駅で起こった小さなエピソードです。

朝の通勤ラッシュの時間帯、電車から降りようとした女性が、車体とホームの間に落ちてしまいました。すっぽりと体が電車とホームとの間に挟まり、駅員が引き上げようとしても、あるいは押し下げようとしても、女性の体はまったく動かない。仕方がないので駅員たちは電車の側面を押して隙間を広げようとしたのですが、さすがに車体は重く、ビクともしなかった。ところが、その様子を見ていたホームの人々が、誰ともなく「おい、助けてやろうじゃないか」という声をあげ、その声に応じた人々が一列に並んで、かけ声に合わせて一斉に電車を押し始めたのです。すると重い車体が傾き、ホームとの隙間が広がって女性は無事に助け出された——。

この救出劇の現場にたまたま居合わせたのが読売新聞の記者で、図①の写真は、記者が撮影して、その日の夕刊に小さな記事とともに載せたものでした。ところが、この小さな出来事が後に世界中で大きな驚きを引き起こすことになります。

私自身は、この出来事を日本の新聞ではなく、アメリカの放送局であるCNNのニュース番組を観て知りました。CNNの放送は日本でも視聴することができます。毎日、アメリカを中心とした世界のニュースが報じられていますが、私が観たときは、定時のニュース番組の中でトップに近い扱いだったように記憶しています。

「今日は日本から素晴らしいニュースがあります」というキャスターの言葉から始まって、画面はすぐに読売新聞に掲載された写真に切り替わりました。動画ではなく一枚の写真ですので、私も最初に見た時は何をやっているのか分かりませんでした。しかし、キャスターの説明を聞いているうちに、いま私が申し上げたようなことが日本で起きたと紹介しているのが分かったのです。

日本のことを良く言ってくれているわけですから、もちろん悪い気はしません。けれども、「これが世界のトップニュースで報じるような話だろうか」と率直な疑問を感じました。CNNはいやしくも世界放送を流しているわけです。二〇〇以上の国と地域で視聴されているニュース番組のトップに、はたして日本で起きた、このような小さなエピソードが紹介されるものなのか。普段はイラク戦争とか世界の大規模テロ事件を報じているニュース番組ですから、その落差に違和感を覚えたのです。

そう感じながらテレビを見ていると、CNNのキャスターはこのニュースの最後を、こんな言葉で締めくくったのです。

「これはおそらく日本だけでしか起こらないことでしょう」

私は再び驚かされました。世界の国々では、電車に挟まれた人がいても誰も助けてくれないのか！　あれこれと複雑な思いで見ていたCNNの報道でしたが、しかしそのキャスターの言葉があながち誇張ではなく、この出来事がきわめて日本的なものとして世界の人々に受け止められていたということを、私はその後の報道で知ることになります。このニュースを取り上げたのはCNNだけではありませんでした。

イギリスの名門新聞であるガーディアン紙は「駅員や乗客が集団で英雄的な行動を示した」という記事とともに、件の写真を国際面に掲載しました。ガーディアン紙においてこのような出来事の報道は、異例中の異例と言ってよいでしょう。さらにその後、多くはインターネット上の記事ですが、この出来事が一様に海外のメディアで称賛されます。たとえば中国です。日本と中国は政治上あまり良い関係にあるとは言えず、市民の反日感情もありましたが、国営新華社通信の電子版は読売新聞の記事を客観的に転載するという形で報じました。無論ポジティブな意味で伝えているのです。

韓国でも同様です。聯合《れんごう》ニュースなどのメディアの多くは、読売新聞の報道を引用する形で伝えました。朝鮮スポーツ紙は「乗客が力を合わせて救助する感動の写真が話題になっている」と、客観的な論調ではありますが、こちらもポジティブな伝え方です。

ロシアの大衆紙コムソモリスカヤ・プラウダは、「どうしてこんなに迅速に乗客が団結できたのだろうか」というコメントを載せています。タイのニュース専門チャンネル最大手のTNNは、「日本の人々が生来の結束力を余すところなく示し、困っている人に助けの手をさしのべた、素晴らしいニュース」と紹介しました。同じくタイのソーシャルメディア上には、「とっさにこのような行動ができる日本人はどのような教育を受けているのか」という感嘆の声も見られます。

この小さな出来事をめぐるニュースは「日本ならではの出来事」として、世界中で大反響を及ぼしたのです。

†日本社会に固有の「何か」

一方、この話題を日本人はどのように感じたのか。私は好奇心もあって日本のメディアの取り上げ方を検証してみました。すると、興味深いことが見えてきたのです。

朝日新聞や毎日新聞は、この出来事にはまったく触れていません。もともと読売新聞の独自記事ですから、他の全国紙が取り上げないというのは分からないことではありません。では地元のローカル紙である埼玉新聞はどうでしょうか。チェックしてみると、七月二三日付の朝刊に、次のような記事が出ていました。

「二二日午前九時一五分ごろ、さいたま市南区のJR京浜東北線南浦和駅で（中略）、女性は電車到着後、降車する際に落ちたらしい。駅員らが救出して女性は救急搬送されたが、けがはなかったという。電車は八分後に運転を再開。乗客約一四〇〇人に影響が出たが、後続電車に遅れは生じなかった」

この記事の中には、駅のホームにいた乗客たちが協力をして電車を押して助けた、という話は出ていません。しかしよく注意して読むと、「駅員らが」という表現が使われています。この「ら」という一字に「乗客たちが一致協力して事に当たった」という話が全部集約されているわけです。

つまるところ、この出来事は日本人にとって、「ら」の一字で済むような些細な話なのです。実際に同様の状況に遭遇すれば、ほとんどの日本人は同じような行動をするだろうと思われます。そうはしないだろうと想像する方が困難なぐらいです。ところが世界は、その行動に驚愕したのです。

香港のフェニックステレビのウェブサイトには、こんな書き込みがあります。

「中国で同様の事故が起きれば大多数の人は野次馬見物するだけだ」

イタリアの主要紙であるコリエーレ・デラ・セラのウェブサイトにも、こうあります。

「イタリア人だったら眺めるだけだろう」

遠巻きにして状況を見ているだけ、というのが、どうやら世界では「常識」のようです。そこに一つの大きな落差を感じます。われわれ日本人にとっては当たり前で日常的なことが、必ずしも当たり前のことではない。見ず知らずの困った人を助けるために、その場に居合わせた人たちが力を合わせて行動を共にするということは、われわれ日本人にとっては当たり前のことですが、世界では絶賛に値するほどに特殊な現象と受け取られているということです。

そのような行動が咄嗟《とっさ》にできるということに、われわれ日本人は誇りを持っていいし、自覚していいはずです。と同時に、日本人の精神性、行動の中には、外国の人たちから称賛されるほどの、ある固有の何かが示されていると考えざるを得ないと私は思うのです。

人間は皆同じだという考え方もありますが、どうやら必ずしもそういう単純な話でもなさそうです。日本の文化、あるいは日本人の特性というものについて、もう少し客観的な視点で自らを見てみることもまた大事ではないかということです。

†災害発生時における日本人の行動

日本人の国民性が表れる事例として昔からよく言われるのは、大きな災害に際したときの行動です。諸外国では大災害が起こったり、あるいは起こりそうになると、待ってましたとばかりに民衆の略奪や暴動が起こるということがしばしばニュースになります。

一方、日本では非常事態に乗じた民衆の略奪や暴動はほとんど発生しません。じっと耐え忍び、助け合い、分かち合いながら困難な状況を克服していこうとするのが当たり前の行動だと多くの日本人は思っていると言ってもいいでしょう。

東日本大震災でそれが示されたことは、われわれの記憶にも新しいところです。海外メディアも驚きをもって、この日本人の行動を報じていたものです。そしてそれは東日本大震災に限らず、二〇年前に発生した阪神淡路大震災のときも同様でした。阪神淡路大震災は未明に起きた地震で、しかも都市の中枢部が直撃され破壊されたために都市機能は完全に麻痺し、一種の無政府状態に陥りました。夜ともなると電灯の明かりのまったく無い、漆黒の闇が百万人規模の被災地を包み込んでいたのです。都市中央の繁華街が壊滅状態ですから、デパートや銀行、高級品店なども、もちろんそこには含まれています。しかし、それでも略奪・暴動などは起こらなかった。これはその当時も、海外メディアから驚きをもって受け止められていたのです。

そして近時の熊本大地震です。ここでは死者の数こそ少ないものの、震度七の大地震が連続して発生するという未曽有の規模の震災に見舞われ、その後も余震というには余りに頻発する長い地震が連鎖的に発生しており、地元の方々の不安と心労はいかばかりかと胸塞がれる思いでした。しかしここでも、人々は助け合い、救援物資を分かち合いながら、辛抱強く復興に取り組まれていたことは言うまでもありません。

こういった大災害時の人々の行動を観察する時、略奪・暴動などは論外で、乏しい救援物資も奪い合うことなく、みんなで分かち合い、助け合って困難を乗り越えようとする行動の様態が顕著に見て取れるのであり、これらはやはり日本の社会の、また日本人の一つの固有の行動パターンであり、心性の表現ではないかと思われるのです。

†「福島50」の敢闘精神

もう一つ着目したいのは、東日本大震災における福島第一原子力発電所の事故に際しての対応です。事故現場で収束作業に当たった吉田昌郎所長以下が、自らの危険をかえりみずに冷却装置の回復に力を尽くしました。

あのとき、じつは世界の原子力の専門家は、一号機から四号機まで障害を起こしている原発事故は収拾不可能である、次々に連鎖的爆発を起こして最後はお手上げ状態に追い込まれるだろう、と予測していました。チェルノブイリ級の被害は不可避であるという見方が、世界の専門家たちの大勢だったのです。

しかし、吉田所長たちは「総員退避」という命令にもかかわらず、「いま現場を離れたのではチェルノブイリの二の舞になる」と考え、電源復旧と冷却装置の再開によって困難な状況を乗り越えようという決意で現場に踏みとどまり、作業の継続に取り組んだのです。今日、福島第一原発の事故処理には未だ多くの問題が残されていますが、チェルノブイリ級の被害という最悪の事態を回避できたことは、どんな困難な状況にあっても職場を放棄せず劣勢挽回に邁進するという、吉田所長以下の敢闘精神が大きく功を奏したのではないかと思います。

これはもちろん外国においても称賛をされ、彼らはアメリカの『TIME』誌の「今年の顔」の候補にも挙げられました。また、中国の人民日報の表現でも、「福島50の勇士」という表現が使われています。現場における自主判断を貫き、自らの身の危険をかえりみずに原発事故の収束作業に尽力した五〇人の職員たちを、世界の国々が「福島50」と呼んで高く評価しているという事実を、われわれはあらためて考えてみるべきではないでしょうか。

†勇敢な行動の深層にあるもの

同じくこれも福島第一原発の収束作業に関わる問題ですが、日本全国から消防士が集まってきて冷却活動に従事しました。消防士たちは長時間に渡って現場にとどまり、放水活動を行います。そのため、放射線被曝の危険はたいへん高くなる。しかし、彼らはそれを厭わずに、使命感を持ってこの作業に取り組みました。

その活動に参加した消防士の発言として、このようなものがあります。

「われわれの消防車が現場に向かうとき、地元の人々は深々と頭を下げて、感謝と期待の念を示してくれていた。それを見たとき、われわれは絶対にみなさんのお役に立たねばならないという思いに駆られた」

自らの命を優先し、普通ならみんなで逃げ出してしまうような局面においても、日本人は自分の持ち場を離れずに職責をまっとうする。あえて命の危険を犯してでも劣勢挽回に奮闘努力する心性を、彼らは示してくれています。

福島50と消防士たちの方々の勇敢な行動に、私は武士道の精神を感ぜざるを得ません。たとえ余人がみな逃げ出そうとも、ただ独り踏ん張って現場を持ちこたえ、劣勢挽回に奮闘努力する。自らの命の危険をかえりみず、人々のお役に立たねばならないという犠牲と忠誠の精神は、武士の社会におけるもっとも名誉なこととされました。

これらの行動や心情を見る時、日本の社会のあり方や文化の性格付けに大きな影響を長きにわたって与え続けた武士・侍の存在と、その精神と行動を規定していた武士道というものに、われわれはあらためて目を向けてみる必要があると思うのです。*

*武士道の精神と行動特性とは日本人の中に時代を超えて、脈々と受け継がれているものという意味で、日本人のDNAと表現されうるかも知れません。但し注意しなければならないことは、ここに日本人というのは民族としてのそれであるよりは、日本社会に住んでいる人という意味での日本人です。例えば、欧米系の人であれ、アフリカ系の人であれ、子供の時

から日本社会の中で暮らしておれば、多分、あの電車の事故のようなことがあった時には周囲の人々と同様の行動をとるであろうということが、何の疑いもなく自然に予想されるからです。その意味でこのＤＮＡは、むしろ社会のＤＮＡ、日本社会のＤＮＡと言った方が適切だと思うのです。

第1章　武士の誕生——家と氏の成立

「一所懸命《いっしょけんめい》」という言葉があります。今日のわれわれにとってはあまりにも馴染みの深い言葉であり、日本人の根本精神と言ってもいいほどに身近な心情であろうかと思います。

この言葉は今日では「一生懸命」、すなわち「一生涯、命を懸けて頑張る」という意味で使われています。しかし、本来的には「一所懸命」であり、「一つの所のために命を懸けて頑張る」という意味です。

「一つの所」とは何でしょうか。これは「所領《しょりょう》」と呼ばれるもので、鎌倉時代の頃の武士の領地のことです。父祖が粒々辛苦の果てに開拓し、命を懸けて戦い、獲得してきた所領は、命を懸けてもこれを守り抜くという心情が「一所懸命」という言葉の本来の意味なのです。それは武士の根本精神であり、われわれの中に脈々と受け継がれてきた精神です。

そして、私が今日の日本社会に見られる固有の心性を、日本の武士の社会の精神と関連づけて考えることの一つの大きな根拠ともなっているものであります。

†武士はいつ生まれたか

では、「武士」とはどのような存在だったのか。日本の歴史において重要な役割を果たす武士が登場するのは、平安時代の後半から院政時代と呼ばれていた頃です。彼らは、「武士」「侍」「もののふ」「つわもの」など、多様な名前で呼ばれていました。

「武士」とは文字通り「戦う人」ということで、戦士を表す言葉です。文官や文士といった「文の人」に対して、戦いを担う「武の人」という意味で武士という言葉が使われます。

一方、「侍」という言葉には、本来的には戦士という意味はありません。これは身分の高い人に「侍《はべ》る」という言葉から出てきました。「侍《さぶら》ふ」という読み方もあり、それが名詞化して「さぶらひ＝侍」になるわけです。熟語としては「近侍する」という言葉があり、これは「主君のそばにお仕えする」という意味になります。ですから「貴族の侍」と言った場合は、貴族に近侍する秘書官のような人を指しました。

そんな侍が、なぜ戦う人になったのか。それは、後に鎌倉殿と呼ばれた源頼朝の下に、武士たちが御家人というかたちで近侍するようになったからです。そこから鎌倉殿に近侍する武士たちを侍と呼ぶのが一般的になり、侍とはすなわち武士という意味に特化されるようになりました。戦う人のイメージが強い「侍」が、もともとは戦う人ではなかったというのはおもしろいことです。

「兵」という字は、「つわもの」とも「もののふ」とも読みます。つわものは「強いもの」という言葉から来ており、「もの」には人を意味する「者」と、武器を意味する「物」の両方があります。強い物というのは刀であり、長刀であり、矛であり、そういった強力な武器を見事に使いこなせる人を「つわもの」と呼びました。

「もののふ」という言葉もよく使われます。この語源は古代の豪族である「物部氏《もののべ》」です。古代豪族で軍事豪族であった物部氏が軍人の代名詞のように言われており、「物部氏のような人」というところから「もののふ」という言葉ができました。

武士、侍、もののふ、つわもの――さまざまな名前で呼ばれるある一群の人々、それが一〇世紀、一一世紀の頃から日本の歴史の中に登場してくるのです。

†「技」の継承から形成された家筋

では、武士はいったいどのようにして社会の中に登場してきたのか。これは制度的に確立されたというよりも、むしろ社会的に自然に発生してきた存在でした。

他の人々から武士が区別されるようになる大きなメルクマールは、単に武器を持って戦ったことだけではありません。たとえば庶民や農民が武器を持って戦っても、それは武士ではありません。当時の人々が「彼は侍であり、もののふ、つわものである」と認識した一群の人々には共通の戦闘スタイルがありました。それは単に刀を持って戦うのではなく、騎馬・弓射の術というものを身に備えていたことです。

図②は『後三年合戦絵巻詞』の絵図です。左端の馬上の人物は八幡太郎義家《はちまんたろうよしいえ》。武士の神様みたいに言われた人で、源氏の祖と言われています。その八幡太郎義家が疾駆する馬の上で、両手で弓矢をつがえて敵を射んとする姿が描かれていますが、この姿こそまさにつわもの、もののふ、武士というものを、当時の社会の人々に認識せしめた一つのスタイルでありました。

このかたちは今日、流鏑馬《やぶさめ》という行事で継承されています。これはたいへんに高度な技が求められます。両手を手綱から放して馬を疾駆させ、しかも弓矢をつがえて射るというのですから、相当な修練を積まなくては出来ることではありません。しかも流鏑馬の場合は止まっている木の的を至近距離から射止めますが、戦場でのターゲットは動いている敵です。敵の側も馬に乗って疾駆しながら、なおかつ弓矢を撃ち返してくる。その敵の矢を左の鎧の袖で受けて躱《かわ》しながら、同時にその隙間から弓矢を放つわけです。こういう高度な技を自由自在に操れてこそ真の武士・侍だと人々は認識し、同時にこの騎馬・弓射とい

図②　『後三年合戦絵詞』「雁行の乱れ」

う戦闘スタイルはきわめて特徴的な印象を人々に与えたのです。

このような騎馬・弓射の術は一年や二年で習得できるものではなく、幼少期から修練を重ね、元服して一人前の大人になる一五歳前後の頃にようやく体得します。そして、実際の戦場においてその技量が見事に発揮されたときに世間の称賛を浴び、本物の大人の侍になり得たということが社会的に認知されるわけです。

このような騎馬・弓射の術は、親、子、孫と、世襲的な伝授がなされます。世代を越えた伝授がなされなければ、このような高度な技は到底継承され得ません。したがって、ここに「つわものの家」「もののふの家」という観念が生まれ、特定の武士の家筋が形成されます。そして、その家筋に生まれた者が武士である、という通念が生まれてくるわけです。同時に、武士の形成は日本の社会における「家」の形成と強い関係をもって出てくる、ということも合わせて知る必要があろうかと思います。

†武士の本流「清和源氏」

武士の中に「清和《せいわ》源氏《げんじ》」と呼ばれる一群があります。これは武士の本流中の本流といわれ、徳川将軍家もまたこの流れにつながるものといわれています。

清和源氏とは、九世紀の清和天皇から発した源氏の流れです。清和天皇の子に貞純《さだずみ》親王という人がおり、貞純親王には六孫王《ろくそんのう》という名の子がいました。六孫王は皇位を継承できるような位置にはなく、皇族でいるよりも貴族の地位に行って活躍したほうがよろしかろうということで、臣籍降下《しんせきこうか》が行われます。皇族の身分から離れて、臣下の身分になることです。皇族の籍から離れた六孫王は源《みなもと》姓をもらい、名前を源経基《みなもとのつねもと》と改めます。そして、源経基は国司（地方官）の一つである武蔵介《むさしのすけ》として関東に赴任します。武蔵国（現、東京都と埼玉県）を治める次官級の国司です（長官が武蔵守《むさしのかみ》）。

そのとき、有名な平将門《たいらのまさかど》の乱が発生します。そこで武蔵介だった源経基は朝廷軍として参加し、将門とライバル関係にあった平貞盛《たいらのさだもり》の驥尾《きび》に付して平将門と戦い、結果として彼は勝ち組に入ります。そのおかげで源経基には〝武勇の人〟というイメージができあがり、

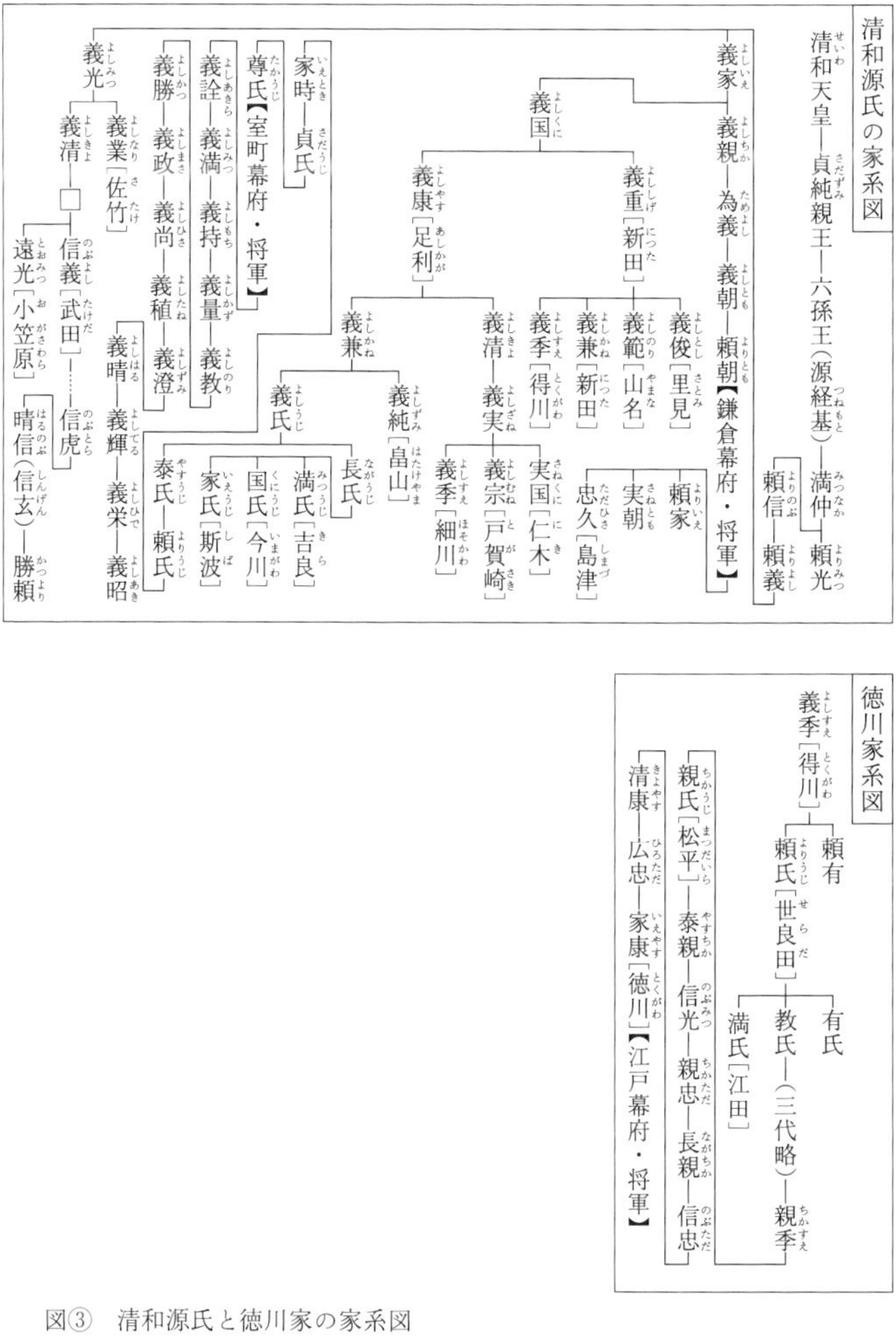

図③　清和源氏と徳川家の家系図

ここから次第に経基の系統の源氏は武士化していく傾向を示すことになります。

経基の子に満仲《みつなか》という人物がおり、満仲は藤原摂関家の藤原兼家らのボディガードの役割をしたことから武士化が進みます。そして満仲の息子である頼光《よりみつ》は、「みなもとのらいこう」の通称で知られ、「大江山の鬼退治」や「土蜘蛛退治」の物語で名が知れ渡る伝説の英雄となり、いよいよこの家筋が武士の家柄として認知されることになるわけです。

さらに次の世代に頼義《よりよし》、義家《よしいえ》という親子が出ます。これが東北地方を舞台とする内乱であった前九年・後三年の役で大活躍をします。とくに義家の活躍は目覚ましく、彼は多くの武士団を配下に置き、武士の頭領（統領、棟梁）としての源氏の地位を確立していきました。このようにして、清和源氏が武士の本流という地位を占めていくことになるわけです。

後に出てくる足利や新田といった武士団も、じつはすべてこの清和源氏の分流として出てきました。徳川将軍家も新田の枝分かれであるという伝承を持っており、これも清和源氏につながる話になります。その他、武田信玄や、武家礼式で知られる小笠原流の小笠原、あるいは細川、今川、山名、島津等々、いずれも清和源氏の流れを汲む武士の名字（苗字）であり、ひいては家名となるのです。

†「家」の成立

このようにして、武士の戦闘スタイルと家筋というものができたわけですが、武士にはもう一つ、重要な側面がありました。

それは、とくに地方の武士に特徴的に見られる属性であり、在地領主《ざいちりょうしゅ》としての武士というあり方です。その定義は、一定の領地を持って農民を支配する土地領主としての性格です。武士、および武士の家族集団にとって重要なものは、彼らが開発をし、子孫へ伝授していく「所領（＝領地、私有地）」です。所領は武士の根本財産であり、それは彼らの生活源であるとともに、一族や家来を居住させ、兵馬を養うことによって武士団を維持・発展させていくための基盤でした。

「在地領主」というのは、このように地方にあって所領を直接に支配している領主のことで、それは京や奈良などの中央都市に居住する有力貴族や大寺社などの「都の領主」に対しての表現です。

では、所領はどのようにして形成されたのでしょうか。武士は一族・家来を引き連れ、また農民や戸籍から外れた浮浪民を雇い入れて、大規模に開墾と開発を行い、用水灌漑《かんがい》の設備を整えることによって水田や畑地を造成します。つまり、武士というのは一種の土地

図④　当時の所領を再現したもの（国立歴史民俗博物館蔵）

開発業者であり、ディベロッパーとしての性格を持っていたのです。

このことは注目すべき点です。「所領経営」という言い方をしますが、武士とは単に戦う技量を備えていただけでなく、土地の開発、経営をするという才覚を持った人々だったのです。そして開発に従事した農民や浮浪民に土地を与えて生活の糧を得られるようにし、地代として年貢を徴収しました。

所領が形成され、武士は所領の主となります。図④は所領の姿を再現した模型の写真ですが、中央に堀と石垣で囲われた領主の館《たち》を設け、これが支配の拠点であると同時に、武士団の軍事的な拠点にもなりました。

粒々辛苦の末に開発した所領は、他の侵略者から防衛しなければなりません。そのために軍事的な拠点としての領主の館があるわけです。所領は、所領自体を敵から防衛するための砦でなければなりません。戦いで勝利を収めれば、攻め落とした敵の所領を獲得することもできました。

こうして、労働と戦いによって父祖が労苦の末に獲得したのが所領です。父祖の血と汗で得られた所領は、子々孫々、決して手放してはならないし、細分化されてもならない。命を懸けて守り抜かねばならないのです。冒頭で一所懸命の精神について述べましたが、まさにその言葉の原点といってもいいでしょう。

ですから、この所領は分割されて雲散霧消してはならないのです。一括相続であるということが大きな特徴になり、これが代々受け継がれる日本の「家」というものを形づくっていくわけです。

中国や韓国では、父祖の財産は子どもたちの間で均等に分けられました。一方、日本の中世では所領は分割相続されるのですが、同時に一族の代表である「惣領《そうりよう》」の支配下に、すべての土地が一体的に管理されてきました。そのようにして、父祖の築き上げた所領の散逸を防いでいたのです。

とはいえ、惣領の支配下にある庶子が分立をして所領を自由処分するような事態となると、もはや一体的な継承を実現することはできません。そこで惣領の一括管理ではなく、一子相続・長子単独相続が南北朝内乱以降の主要な継承形態となり、ここで所領を基軸とする財産を「家産」として一体的に継承する「家」という存在が強く出てくることになります。

一方では騎馬・弓射の術に示されるような一種の技量、戦闘スタイルが「家業」となり、家業と家産の一体的な継承という武士の家のかたちが成立し、そのシンボルとしての「家名」というものもここに登場するわけです。このようにして、日本の「家」というものが成立しました。

†所領が受け継がれる仕組み

日本の「家」について、もう少し詳しくお話しておきましょう。

日本の「家」は、中国や韓国の家族とは大きく異なります。中国や韓国においては、一族全体で財産を共有するという巨大同族主義の性格が強いのですが、日本では「親―子―孫」とつながる直系線、長子相続による財産の一体的継承が主流になってきます。その系図の縦の一本線となる直系のことを「家」と呼び、「家名」というかたちで継承されることになります。

ですから分家ができると、分家には別の名前がつけられます。つまり、分家ができるたびに違う家名がつくことになるわけです。たとえば「足利」という家から出た分家は、「斯波《しば》」「細川」「畠山」「吉良《きら》」「今川」などの名字（苗字）を名乗りました。

なぜそういう名前ができるのかといえば、縦の一本一本の線がそれぞれ独立したものであり、そのそれぞれの中では常に所領が一体的に継承されるものであったからです。その名字―家名となるのは、それぞれの家が保持している所領の地名です。親―子―孫という直系線が独立し、それに固有の家名がつく。これは中国・韓国型の一族一体で父祖の「血」を継承・共有するというのとは異なる考え方で、家業と家産である「所領」の継承が、武士団にとってはもっとも重要な課題ということになります。

このような観念は、後々まで日本の社会に大きな影響を及ぼしました。財産は不分割であり、一体的に継承するものであるという考え方は、武士の家にとどまらず、商家の相続にまで波及したといってもよいかと思います。

所領の一体的継承ということを具体的に見てみましょう。足利尊氏と新田義貞という、南北朝の内乱で相対立した二人の有力武士がいます。じつはこの二人は血族の観点では同族の源姓（「清和源氏」）で、源尊氏と源義貞というのが正式な名前になります。なのになぜ、一方は足利、他方は新田と呼ばれるのか。

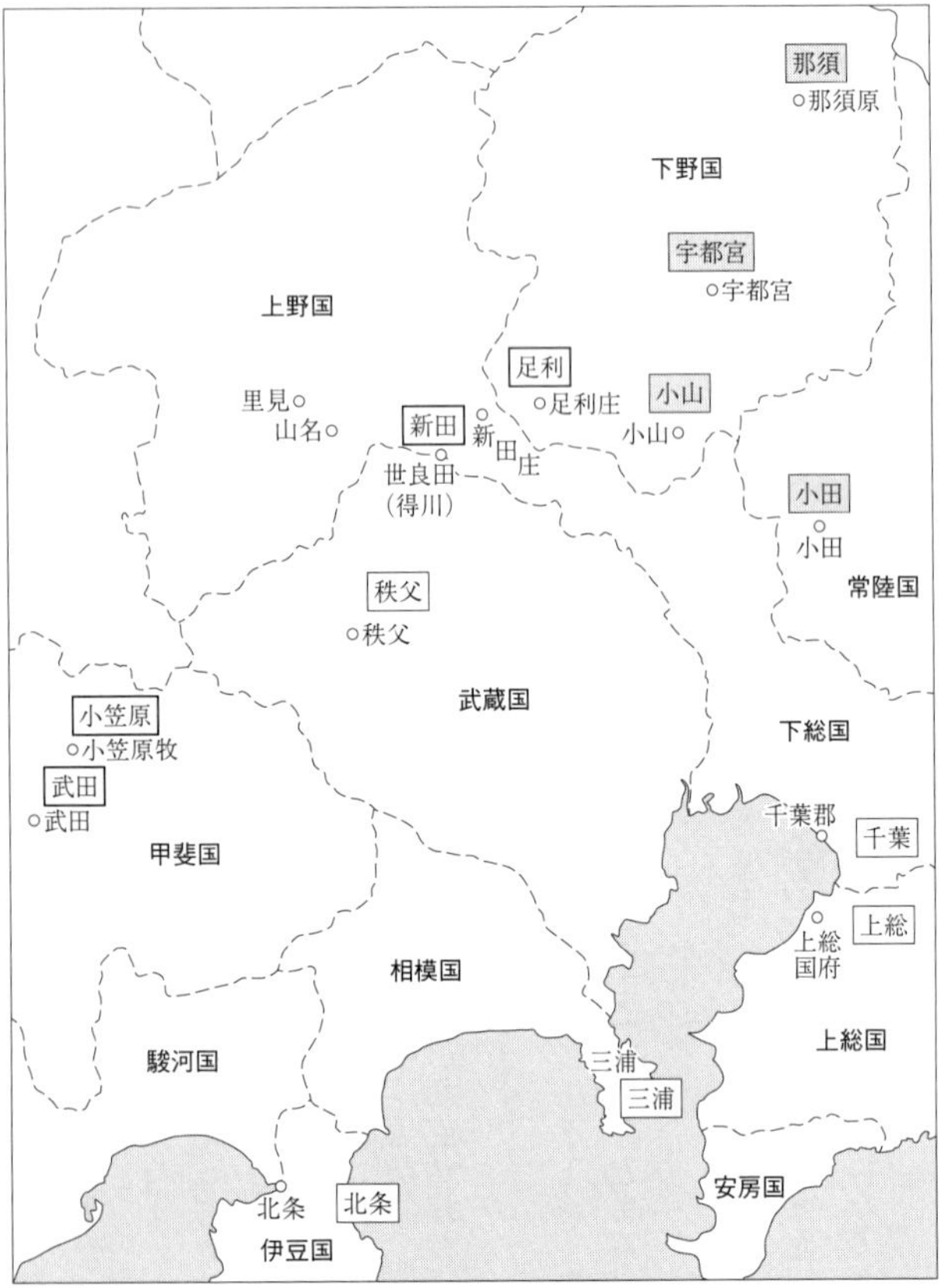

図⑤　中世在地領主の所領と家名
□は名字・家名，○は所領の地名。
□は平氏，□は源氏，□は藤原氏。

尊氏の系統は桐生足利で有名な足利という地に所領を持っていました。「足利に所領を持った源氏一族」のことを後々「足利」と呼ぶようになったわけです。そして、足利とは渡良瀬《わたらせ》川を挟んだ反対側に新田荘《にったのしょう》という地があり、「新田荘に盤踞《ばんきょ》した源氏一族」のことを「新田」と呼んだのです。

さらに新田氏の祖である新田義重には四人の兄弟がいて枝分かれをしていくのですが、四兄弟は長男の義俊《よしとし》が「里見」、次男の義範《よしのり》が「山名」、三男の義兼《よしかね》が「新田」の本流を引き継ぎ、四男の義季《よしすえ》が「得川《とくがわ》」を名乗ります。ここで「とくがわ」という名前が出てくるのは非常に興味深い話で、これが徳川家康の祖であるというのが徳川将軍家の公式の見解になっています。

✝なぜ日本には名字（苗字）が多いのか

日本人の名前ということを考えた時、最初に思い浮かぶのは韓国の人の苗字がやたら少ないという印象ではないでしょうか。金さん、李さん、朴さん、で終わってしまい、それ以上の苗字が出てこないというのが普通ではないでしょうか。こんなに金さんだらけでは人の区別がつかないではないか、多くの日本人はそのように考えてしまいます。

心配いりません、金の苗字の下に個々人の実名があるではないですか。文字通り「苗字

＋名」で個々の人間を識別しているのです。それを苗字で人を識別しようとするのは、日本社会の「家」的思考にどっぷり漬かっているからに他なりません。

韓国の人の苗字は氏族全体を示しており、日本人の苗字は氏族を系図の縦の直系線ごとに分解した家名なのです。韓国社会では氏族の大構成の中に個々人が包摂される形で捉えられ、日本社会では氏族を分解した「家」の成員として認識されているのです。

ところで、日本人の名字（苗字）は何種類あるかご存じでしょうか。諸説はありますが、二〇万はあるといわれています。ただし、例えば坂上さんを「さかがみ」「さかうえ」「さかのうえ」と三種とカウントするか、一種と見なすかによって数値にかなりの幅がでてきますので、二〇万はあくまで概数です。しかし、それに比べて中国は五〇〇〇ほど、韓国は二〇〇ほどとされています。

人口を比較すると、中国と韓国は二〇対一の割合ですから、両国の苗字の成り立ちは構造的に同じであることがわかります。しかし、中国と日本の人口比は一〇対一。人口は一〇分の一であるにもかかわらず、日本人の苗字は中国人の苗字の四〇倍も種類が多いのです。つまり、苗字の背後にある親族構造が違うことを示唆しているのです。中国と韓国は近似した構造をもっており、日本だけが全く異質な構造をもっているということです。

韓国では二割強の人が金という苗字です。金さん、李さん、朴さんを合わせると、人口の半分近くを占めると言われています。一方、日本の三大姓は高橋さん、鈴木さん、佐藤さんですが、その三つの苗字で人口の半分を占めることなどあり得ません。一パーセントにも届かないでしょう。

なぜ日本にこれだけ多くの苗字があるのかといえば、清和源氏という本来「源」という一字だったはずの姓を、足利だ、新田だ、吉良だ、細川だ、畠山だと、系図の枝分かれがあると、そのたびごとに名づけをして、血統をすべて縦の一本線に分解してしまうからなのです。もしも分解せずに、源という一族の名前をすべての兄弟が継承していれば、韓国の金姓と同じようになっていたに違いありません。つまり、日本人は源さんだらけだ、と。あとは藤原さんと平さん、といったところでしょうか。

それが二〇万というとんでもない数になっているということは、源、平、藤原といった血統同族の姓を分解して、所領に基づく家名というものを独自に苗字にしてきたからです。つまり、家の独立です。一族の中から系図のタテの一本線ごとに独立をして、家業と家産をとにもかくにも保持、継承するという考え方。これこそが一所懸命の精神であり、また経営のあり方ということにもなるわけです。ここに、日本の家の特徴と、苗字・家名の特徴とが表れています。

†家筋の根拠としての名字

日本の苗字とはいかにして成り立つのか。「大庭御厨《おおばのみくりや》」という所領を具体例として説明してみましょう。

大庭というのは現在の神奈川県の藤沢市と茅ヶ崎市のあたり、鵠沼《くげぬま》、殿原《とのはら》、香川という湘南海岸から奥に向かっての一帯の名称です。そこに大庭御厨一三郷という、とてつもなく広大な所領が形成されていました。これを開発したのは鎌倉権五郎景政《かまくらごんごろうかげまさ》という、じつにいかめしい名前の関東の武士で、この人物が巨大な領地のディベロッパーということになります。

鎌倉権五郎景政は、前述した前九年・後三年の役に従軍して活躍した人物でもあります。平氏系の武士で、正式な名は平景政《たいらのかげまさ》、鎌倉権五郎というのは通称ですが、これは景政がもともと鎌倉に居住していたからそう呼ばれていたのです。ところが、彼がディベロッパーとして大庭御厨一三郷を開発したことで、いつしか大庭権五郎景政《おおばのごんごろうかげまさ》と呼ばれるようになります。当時、名字というのは不安定なもので、居住地や所領の開発によって、たびたび変わっていくものでもありました。

いまの若い人たちはご存じないかもしれませんが、一昔前までは親孝行を諭《さと》す題材として、鎌倉時代の曽我兄弟の話がよく用いられていました。富士の巻狩りの場で父の仇討ちを果たした曽我祐成《すけなり》（＝十郎）と時致《ときむね》（＝五郎）の兄弟の話です。徳川時代になって、赤穂浪士の討ち入りがあってからは『忠臣蔵』が仇討ちの代名詞のようになりましたが、それ以前は曽我兄弟の仇討ちが能や歌舞伎の定番でもありました。

歌舞伎十八番の演目である『助六由縁江戸桜《すけろくゆかりのえどざくら》』は、俠客《きょうかく》となった助六が吉原の遊郭に入り込んで仇の行方を探しているというストーリーですが、主役の助六が「じつは曽我五郎である」という行《くだり》があります。もちろん時代的にはあり得ないのですが、曽我兄弟の仇討ちは古典歌舞伎を代表する演目の下敷きにもなっていたわけです。

曽我兄弟のお父さんは、河津《かわづ》三郎祐泰《さぶろうすけやす》という名でした。父親が河津姓なのに、子どもたちが曽我姓というのは不可解に思えるかもしれません。これはお父さんが生きていたときは、伊豆半島の河津という場所に居を構えていたからです。現在の伊東の近辺で、河津姓も元をたどれば伊東から枝分かれした名字です。その河津三郎が工藤祐経《くどうすけつね》に殺され、親を失った十郎・五郎の兄弟は難を逃れるために曽我という土地に移り住みます。そこから兄弟は曽我十郎・五郎と呼ばれるようになったのです。

曽我兄弟の仇討ちには、「伊東」「工藤」「河津」「曽我」という名字が登場しますが、これらの血族はいずれも平氏です。まず伊東に住んだので、この平族は伊東という名前を取り、その中で河津に住んだ者を河津と呼び、工藤に住んだ者を工藤と呼び、十郎・五郎は曽我に移ったので曽我と呼ばれるようになった。

ここから推察できるのは、当時の名字は現在でいえば出身地や居住地を示した個人情報でもあったということです。ところが個人名称だった名字が、だんだんと家筋の名前に変わっていきます。すなわち、居住地から移転しても、変わることのない固定的な名称になっていき、さらにそれが親―子―孫と代々にわたって継承されていくにともなって「家」という概念が成立したということができると思います。

もともと名字は、個人の通称としてプロフィールを示していたのです。平景政の場合も、鎌倉に居住したことで鎌倉景政になり、大庭一三郷をつくったことで大庭景政になった。しかし、その頃から名字が家筋の根拠になっていき、大庭姓が固定されます。一族は代々大庭姓を使うことになり、末裔に大庭景親《おおばのかげちか》という人物が登場します。彼は治承四(一一八〇)年に源頼朝が平氏討伐のために挙兵したときに、最初に頼朝と戦った平氏方の大将でした(石橋山の合戦)。そして、大庭景親に打ち負かされた頼朝は房総半島方面に撤退して再起をはかることになるのです。

†所領の保全と引きかえの忠誠

景政は大庭の地を開発した後、永治元（一一四一）年に所領を伊勢神宮に寄進しました。伊勢神宮の荘園となったことで、大庭の所領は朝廷から「御厨」の称号を与えられます。伊勢神宮の正式の荘園として国家から認定されたということです。そうすると、いわゆる不輸不入の特権が得られ、税金などが免除されます。

この当時、武士という地位は身分としては決して高いものではなく、貴族からはまるで番犬のような扱いを受けていました。武士が世の中を支配する後の時代とは大きく異なり、武士は貴人のボディガードのような存在だったのです。そのため、いくら所領を開発しても、その所有権は甚だ弱かった。今でいえばお役人にあたる国司が開発に対する貢献を認めて、税金の減免措置をとっていたとしても、国司が交代した途端に「そんなことは知らん」という一言で開発した所領が没収されたり、高い税金が課せられたりすることも少なくなかったのです。

そんな国衙《こくが》役人（地方官庁の役人）の理不尽に対抗するために、武士は都の有力な貴族や大寺社に寄進するという方法で、保護を求めるようになります。所領に対する権利を認めてもらい、現地を自分たちで安定的に運営する。いわば、お墨つきを得ることで所領を守ろうという方策です。そして、そういう関係を時の権力者との間に築いたわけです。後に頼朝が鎌倉幕府を開いたときには、こんどは武士たちは頼朝に保護を求めました。

自己の既存の所領に対する支配権を保証してもらうことを本領安堵《ほんりょうあんど》と呼びますが、これが武士たちにとっては必須の問題となり、頼朝すなわち鎌倉殿の御恩であると意識されます。当時の武士の所有権というのはたいへん脆弱であり、所領を保全するために頼朝の保護を受けるということは、武士の家にとって死活の問題でもあったのです。したがって、本領安堵の拠り所となる頼朝、すなわち鎌倉殿に対する忠誠というものが、鎌倉武士たちの間に広がっていくことになります。そこから次第に、鎌倉殿と武士団という関係が社会と歴史の中心的な課題として浮上してくるわけです。

第2章 中世武士のエートス――もののふの道、弓矢取る身の習い

武士道という言葉や思想が明確なかたちで歴史の上に示されるには、徳川時代を待たなければなりません。しかし、中世に武士が登場してくると、彼らの規範や道徳、あるいは社会のルールというものが自ずから形成されてきます。

それは当時、「弓矢の道」あるいは「弓矢取る身の習い」と呼ばれていました。また、「兵《つわもの》の道」という表現もありました。武士を武士たらしめるメルクマールとして、騎馬・弓射の術が重視されたことは前章に記した通りです。

†戦いの劇場化と名誉の観念

では、弓矢取る身の習いとはどのようなものか。それは戦場において、武士がわきまえておくべき作法であり、また名誉の観念です。正々堂々の振る舞いをし、そして武勲・戦

功を立てることです。

しかしながら、ただ勝てばいいということではありません。騎馬・弓射の術というのは非常に高度な技です。であるならば、修練した武技を周囲に見せたいという思いも武士には当然出てきます。弓馬の術に優れた者は、戦場で勝ちを収める中で、自らの技量を遺憾なく輝かせてこそ名誉が得られたのです。

そこから、「一騎打ち」という発想が出てきます。集団乱戦では個人の際立った技は隠れてしまいますから、代表者による一対一の戦いが行われるようになります。双方から送り出された優秀な騎馬武者が、衆人環視の中でお互いに見事な技を披露し、決着をつけるのです。

中世説話集として有名な『今昔物語』は、ちょうど武士が独自の社会的存在として発生しつつある時代の作品でもありました。同書には発生期における武士と武士の戦いのあり方がどのようなものであったかを教えてくれる、よき事例が載せられています。多くの本でも、よく引用されているものですが、ご存じない方もおられるでしょうから本書でも紹介します。

今は昔、東国に源充《あたる》と平良文という二人の武士があった。二人は「兵《つわもの》の道」を互いに競っており、そのため仲が悪くなってしまった。二人は反目しあい、かれらの郎等《ろうどう》

（従者）たちもまた、相手方をののしっていた。そうして遂に、「日を決め、広い野に出て勝負しよう」ということになった。

そこで当日には、双方とも五、六百からの軍勢が集まって睨み合った。両者は一町ばかりの間合いを取り、楯をならべて弓矢合戦を始めようとしていた。その時、双方から使節を相手方に送って戦闘開始を告げるというのが作法であった。

さていよいよ楯を前進させて戦闘に入るのであるが、その時、良文の方から充に申し入れたことには、「双方大勢で乱戦をするのは無益なことだ。今回のことはわれわれ二人の技量をめぐる諍いから始まったことであるので、我ら二人だけ馬を走らせ、弓矢の妙術を尽くして決着をつけたいと思うが、如何か」と。これに対して充の方も「自分もそのように思っていたところだ。すぐに出ていこう」と応じた。

こうして二人は、それぞれの軍勢から離れて中央に進み、それより馬を駆け出して相互に馬上から矢を射る。すれ違いざま、良文は充をめがけて矢を放ったが、充は馬から落ちるようにしてかわし、矢はその太刀に当たった。こんどは充がすれ違いざま良文を射たが、良文はこれをかわしてその腰宛に当たった。二つの矢はともに命中していたのであるが、二人はともに見事にこれをかわしていた。

この時、良文は「お互いの手並みは、十分にわかった。拙いところはどこにもない。

これ以上の戦いは無益であろう。われわれは先祖からの仇敵というわけでもない。ただ兵道を競い合っただけのことなのだから」と呼びかけると、充の側も「自分も同意だ。お互いの技量はよく分かった。戦いはやめよう、よい勝負であった」と応じ、二人と双方の軍勢は引き上げていった。そしてその後、良文と充とは仲良くなり、少しも心隔てることなく付き合っていったということであった。(『今昔物語』巻二五の第三)

物語ですから幾分潤色の入っていることは割り引かなければならないでしょうが、発生期の頃の武士の気質と戦いのあり方の雰囲気を伝えるものとして貴重でしょう。

右のようなスタイルを取ることによって、戦いは劇的な要素を帯びてくるようになり、右のエピソードにもあるように軍使の交換が行われるようになります。これは事前に双方が使者を送り、戦いの場所や日時を決め合うというものです。また、両軍が対峙してからも軍使の交換があって、戦いの趣旨を伝えたり、相手方の非を罵るような文書を読み交わすこともありました。軍使の交換は主に東国の武士の習わしで、武田信玄の時代あたりまで続いていました。戦い自体に一種の儀式のような意味合いが込められていたと言えます。

さらに、戦いを始める前に「名乗り」と「系図読み」が行われるのが常でした。代表者となった騎馬武者が誰であり、どのような素性であるかを相互に確認し合うわけです。中世の軍記物の中にも、源氏のほうは「清和天皇の子の貞純親王、そのまた五代の後胤《こういん》……」と、系図を読み、平家の側も「桓武天皇の子……」と、お互いの代表者が由緒正しい武士の流れにあることを延々と述べるシーンがあります。

そういった戦いの劇場化ともいえる要素と、武士の名誉という概念と戦いが結びつき、中世においては弓矢の技だけでなく名乗りや系図読みも朗々とできる、その総体が武士の理想と考えられました。織田信長などは、そんな迂遠《うえん》なことはせずに問答無用で戦いを仕掛けましたが、力まかせにただ勝てばよいと言うだけの武士は、粗暴であり野卑であるとされ、尊敬されずに蔑まれることもあったのです。

†中世武士にとっての名誉

中世の武士にとっての名誉としては、一騎当千の働きがあります。集団乱戦となった場合でも、一騎で多くの敵を引き受け、次から次へと弓矢で射て倒すような。

有名な例としては、源為朝《ためとも》がいます。頼朝の父・義朝の弟で、頼朝からすると叔父さんに当たる為朝には、「鎮西八郎《ちんぜいはちろう》」というニックネームがありました。滝沢馬琴の『椿説弓張月《ちんせつゆみはりづき》』の主人公としても描かれていますが、弓矢では剛の者として知られる人物です。

彼は保元の乱で大活躍しました。このときは騎馬ではなく徒立《かちだ》ちでしたが、強弓を放って寄せ来る敵を次から次へと倒していました。まさに一騎当千の働きでしたが、最後は敵味方総乱戦の中で敗北し、落ち延びた先で捕らえられてしまいます。それでも、これほどの武勇の者を殺すのは惜しいということで、右腕の筋を切って弓が引けないようにしてから、伊豆の八丈島に流されました。

ここまでは事実ですが、『椿説弓張月』ではその後の為朝が描かれます。為朝は八丈島でその暴れん坊ぶりを発揮して島の主となり、さらには琉球に渡って王になったと、為朝の武勇は虚構と相まってどんどんショーアップされたのです。

名誉の働きには、一番乗りもあります。敵が弓矢を射ってくる中をかいくぐり、一騎で敵陣に一番乗りを果たすことです。近世では「一番乗り」「一番槍」、あるいは「先陣を取る」という表現もあります。

源平合戦の一つである宇治川の戦いでは、梶原景季《かじわらかげすえ》と佐々木高綱《ささきたかつな》が繰り広げた「宇治川の先陣争い」という有名な話があります。京に攻め入るとき、東から来る場合は宇治川(瀬田川)を突破しなければなりません。源氏の側は馬に乗ったまま川を突破しようと試み、梶原景季と佐々木高綱が平家の陣営への一番乗りを争いました。

そのときに佐々木高綱にひらめきがあり、競い合っている梶原景季に対して「おまえの馬の腹帯が緩んでいるぞ」と声を掛けるのです。馬の腹帯は馬上の鞍を固定するもので、それが緩んでいると鞍ごと落馬する危険があるわけです。それで梶原が馬の腹帯を確認しようとしたところ、その瞬間を見計らって、すっと駆け抜けた佐々木高綱が一番乗りを果たした。この高綱の行為は名誉か卑怯かというのは、じつはいろいろ議論があるところですが、概して知略で得た名誉であると伝えられてきました。

†名誉を得た高綱、卑怯と評された盛綱

「将を射んと欲すれば先ず馬を射よ」という中国の諺《ことわざ》があります。騎馬戦では、馬上の敵を直接狙うよりも、ターゲットとして大きな馬を射たほうが確実であるという故事です。

しかし、日本の武士の習いでは、偶然当たるのはやむを得ないとして、意図的に馬を狙うのは卑怯な行為であり、相手を落馬させて勝利を収めても名誉とは見なされません。馬を狙うのは兵の道に外れた行為であるという、そういう倫理観も存在しました。

彼らの言い様は、「命は一代限り、名は万代に渡る」と表現されます。命は所詮《しょせん》五〇年六〇年の一代限り、しかし名は三〇〇年、四〇〇年に渡って残るという考え方です。現に佐々木高綱と梶原景季の先陣争いの話は、その後も延々と語り継がれてきました。まさに、「名こそ惜しけれ」の美学です。

非常に不思議な因縁なのですが、実は佐々木高綱の兄である佐々木盛綱《もりつな》にも似たような

エピソードがあります。同じく源平合戦の一つですが、備前児島をめぐる藤戸の合戦で手柄を立てたのが盛綱です。その当時は陸から離れた状態にあった沖合の備前児島に、平家の軍勢が集結していて陸側の源氏軍と対峙していました。源氏方である佐々木盛綱は、もしこの海峡を馬で渡ることができれば一気に敵陣に突入し、一番乗りの大手柄を立てることができると考えます。そこで盛綱は土地の若い漁師に案内させて、馬で渡れる浅瀬の場所を教えてもらうのですが、この若者を生かしておけば他の者にもそれを教えてしまうかも知れないと思い、その若者を刺し殺して海に捨ててしまうのです。そして、いざ合戦が始まると、盛綱はまんまと馬で海を渡って児島に到達し、敵を蹴散らして勝利を収め、その恩賞として藤戸の土地をもらうことになります。しかしながら、これは武士の道にもとる卑劣な行為であると非難され、盛綱にはダーティなイメージがつきまとうことになるのです。*

＊もっともこの話は『平家物語』のある系統の写本に記されていることで、事実であるかについては検討の余地がありますが、盛綱がそのようなイメージをもって後々まで語られていたことは紛れのないことです。

弟の高綱も「馬の腹帯が緩んでいる」と言って相手を出し抜きましたが、これは知恵を使った武略とされます。ただし、武略にも程度があって、兄の盛綱の場合は武士ではない若者を私欲のために殺したということで非難されました。こうして兄弟のイメージはまったく二分してしまったわけです。

佐々木高綱、盛綱の名前は、是非とも記憶にとどめておいていただきたいと思います。この二人のエピソードは、いろいろな形で後世に伝えられてきました。高綱のほうは平家琵琶の『宇治川』という代表的な名曲となり、現在でもよく語られています。盛綱の藤戸合戦での出来事は、後に能の演目『藤戸』という作品になりました。さらに、有吉佐和子氏が文楽に仕立てた作品もありますし、作曲家の尾上和彦氏によってオペラ化もされています。「藤戸」はドラマとして非常に優れたもので、一方では盛綱の凄惨なまでの悪の魅力がにじみ出ているとともに、他方では殺された漁師の母親が盛綱の非情をなじり、わが子を返せと迫ります。そこには明確な「反戦」「反権力」のメッセージが表出されています。

このような表現形態は日本の戯曲の中では非常に珍しいと言えます。とくに能『藤戸』は、日本の古典作品の中でこれほど思想性が強烈なものはないと思えるくらい、近代性を帯びた作品となっています。

†「盛綱陣屋」

佐々木盛綱と高綱のふたりの兄弟を扱ったものに、文楽や歌舞伎の『盛綱陣屋』という演目があります。これは徳川時代も後半になりますが、明和六（一七六九）年に近松半二らの合作による文楽作品として書かれ、大坂の竹本座で初演されたものです。『近江源氏先陣館』というのが全体の題名で、『盛綱陣屋』はその八段目にあたります。そこでも高綱はヒーロー・イメージで描かれ、兄の盛綱は悪役の北条時政の配下という位置づけです。

この芝居のストーリーはというと、主君の源頼家に対してお家乗っ取りの陰謀をたくらむ悪家老の北条時政という対立構図の中で、時政の娘の時子は頼家に嫁ぎ、父と夫との板挟みとなり、忠臣の佐々木高綱は頼家を助けて、悪役時政と戦い、高綱の兄の盛綱は時政の配下ながら、ひそかに弟の高綱の忠志に理解を示すというものです。この『盛綱陣屋』では、合戦ののち高綱が自分のニセ首を差し出して時政の油断を誘おうとする計略ですが、その首実検に兄の盛綱が呼ばれます。盛綱はそれがニセ首と知りますが、高綱の心を察して本物である旨を答えます。時政はこれを聞いて喜び、「こやつのために危うく命を落とすところであったが、ザマを見ろ」と首に向かって悪態をつくという展開です。

さて、お分かりになったでしょうか、この文楽作品の真の姿が。これは実に大坂の陣を描いた物語なのです。「頼家」は豊臣秀頼、「時政」は徳川家康、「時子」は千姫、「高綱」は真田幸村、「盛綱」は真田信幸といった具合です。物語はすべて鎌倉時代、登場人物も鎌倉時代の有名実在人物。なのに、これすべて大坂の陣を描きこんでいるのです。見事な二重映しと言わねばなりません。

大坂の陣を、直接に上演することを禁ぜられている江戸時代の庶民は、このような韜晦を用いて作品化していたのです。町奉行所の側もそれは分かってのことですが、このような形ならと咎めだてしませんし、観客の側も作品に仕掛けられた謎解きを楽しんでいたのです。

しかしこのような韜晦ゲームが成り立つためには、中世の佐々木高綱と盛綱、その双方の物語を知悉していなければなりません。江戸時代の庶民は、このような中世の武家物語を当然のようにして身につけていたということでしょう。

†弓矢には神の意が宿る

戦いは勝つことが目的です。しかし武士の戦では、敵の馬を狙ってはならないとか、武略とは見なされない卑怯な行為が忌み嫌われるといった、自主規制のような決めごとがあります。なぜそのような戦い方をしていたのかというと、そこには「神の意」というものが介在していたからです。

現代に伝わる弓馬の術として流鏑馬の例を挙げましたが、流鏑馬は神事として行われます。なぜなら、弓矢には神の意が宿るという考え方が古代よりあるからです。武士の技量ももちろん大事ですが、それ以前に、神慮に適った矢筋は必ず当たる、適わぬものは外れると考えられてきました。

矢が当たるのも外れるのも、神の意なのです。ですから、徳川時代は富くじの当たり札を突くのにも矢が用いられましたし、現代でも少し前まで宝くじの当選番号を決めるのに弓矢が使われていました。騎馬・弓射の戦いも、最後に勝敗を決めるのは神の意であり、戦そのものが武士にとって神聖なものだったのです。

私は京都在住ですが、上賀茂神社に別雷大神《わけいかづちのおおかみ》という神様が祀《まつ》られています。京都はとにかく雷が多いところです。盆地ですから、雷雲がコリントゲームみたいに山に当たって行ったり来たりします。当たるたびごとに落雷で、雷雲が流れ出てくれないので雷が延々と続くことになります。菅原道真が復讐する雷神伝説も、そのようなところから生まれています。その雷に関する伝説が上賀茂神社にあります。

賀茂《かも》建津角命《たけつのみのみこと》の娘であった玉依日娘《たまよりひめ》が賀茂川で遊んでいると、上流から一本の丹塗りの矢が流れてきました。その矢を持ち帰って床に置くと、玉依日娘は懐妊して男の子が生まれます。男の子は賀茂別雷命《かもわけいかづちのみこと》と名付けられましたが、当然ながらその子の父親は誰なのかということになります。そして、その子が成人した頃に賀茂建津角命が「おまえの父親だと思う人に酒を飲ませなさい」と言うと、賀茂別雷命は屋根を破り、天に昇っていったというストーリーです。

このストーリーには少し分かりにくいところがあります。子供の名前に初めから「雷」の文字が入っていることなどです。この伝説は能楽『加茂』にもなっており、こちらの話の方がわかりやすいかも知れません。

里の女が上賀茂の御手洗川《みたらしがわ》で水汲みをしていると、上流から一本の白羽の矢が流れてきました。その矢を持ち帰ると、女は懐妊して男の子が生まれます。その子の父親は誰なのかということになって、子が少し大きくなった時、村の男どもが全部集められ、男の子に「おまえの親を指差せ」というと、その子は村の男たちではなく白羽の矢を指差しました。その瞬間に白羽の矢は別雷大神の姿となって、母子と一緒に天に昇っていったという伝説です。

矢には神の御霊であるという観念が込められています。したがって弓矢を用いた戦では、単に勝てばいいということにはならず、神慮に適い、なおかつ男子の名誉にふさわしい戦い方が求められたわけです。

これは非常に日本的な思想で、欧米の人にはなかなか理解できないことでもあります。大正時代、ドイツ人のオイゲン・ヘリゲルという人が書いた『日本の弓術』という本があります。彼は東北帝国大学（現在の東北大学）に招かれた学者で、日本の文化を学ぶために弓道を習い、高い技術を身につけます。ところが、師匠は的を狙うのではなく精神的に射よと指導します。その意味が理解できずに彼は苦慮するのですが、著書の最後にはこう書かれています。「ここにかの武士道精神の根源がある」。

騎馬・弓射の術が、力や技だけに頼るものではなく、心を重視するものであったということが、こういった書物からも読み取れます。

†ただ一度の死を輝かせる

武士の名誉として忘れてはならないのが「主君の馬前に屍《しかばね》をさらす」というあり方です。これは、主君を守るために寄せ来る敵を一手に引き受けて奮戦し、そこで討ち死にを遂げることです。これは武士にとって、もっとも名誉ある行為とされます。

重要なのは「討ち死にを遂げる」というところです。人間というのは一生のうちに必ず死を迎えます。決して避けることのできない一度切りの死というものを、いかに輝かしく意義深いものとして迎えるか。それが武士にとっての至上課題です。長生きすること自体は幸いであるに違いありませんが、人生の最期を漫然と終えるのは一番もったいない死に方で、病気で寝込んでそのまま畳の上で死ぬのは「腐れ死に」と言って最悪の死に方とされました。

いつかは死ぬのが人間ならば、戦場において華々しく死ぬのが武士にとっては最上の死に方でした。その中でも一番価値があるとされるのが、主君の馬前に屍をさらす死に方。散り際の美学とでもいいましょうか。

たとえば、信長と秀吉に仕えた前田利家の場合。彼が死んだのは慶長四（一五九九）年、つまり関ヶ原合戦の直前でした。大坂の自邸で病死するのですが、臨終を迎えたときに「無念だ、畳の上で死ぬとは無念だ」と叫び続けて死んでいったという有名なエピソードがあります。何が無念かといえば、これから天下を二分するような大戦が始まるかもしれないと分かっていながら、戦場に赴くことなく畳の上で死ななければならない最期を無念だと言っているわけです。前田利家は病床の布団の下に抜き身の太刀を忍ばせていたと言われているほどですから、戦わずして病気で死ぬことがどれほど悔しかったかが推し量られます。

武士というのは本来戦う人ですから、死ぬのは覚悟の上です。主君から知行や俸禄をもらっているのは、いざというときに命を捧げるためです。にもかかわらず、単に病気で死ぬというのは、主君の恩義に十分に報い得ない死に方と言えます。主君に対しても、自分自身に対しても、申し訳が立たないという思いが前田利家にもあったのでしょう。

現代の感覚なら、戦って死ぬことを名誉とする考え方に対しては、馬鹿げていると批判する人もいるかもしれません。しかし、当時の武士社会においては、「主君の馬前に屍をさらす」ことは、実利的な観点からしても最高の散り際でした。

主君を守って戦場で討ち死にを遂げた武士の家は、子々孫々まで安泰が保証されました。仮に子孫の中に不心得者があって、なにがしかの落ち度で放逐（家臣としての籍を剝奪）されるような事態になっても、そういう家柄であれば刑が軽減されたのです。つまり、「祖先の勲功に免じて今回は大目に見る」ということになり、家柄や血脈が永久に保証されたのです。

「主君の馬前に屍をさらす」ということは、自らの名を輝かすとともに、自分の家と血を存続させる確実な手段でもありました。ですからこれが、武士にとっては最高の死に方とされたわけです。自分の命をいかに効果的に消費するかというのが武士の論理です。どれだけ高い価値をもって死を迎えるかというのが、つまるところ武士の理想とする生き方でもありました。

「散り際の美学」などと言うと、古くさい概念のようにも思われるかもしれません。しかし、現代社会における延命医療の問題や、超高齢社会を迎えた日本人が抱くべき人生観を考えたとき、一概に散り際の美学を否定できるかというと、それは違うのではないかと私は思います。人間は、尊厳ある「生」を求めるのは当然ですが、同時に尊厳ある「死」をも重視しなければならないということを、武士たちの散り際の美学は示唆してくれているのではないでしょうか。

＊

ここまで、中世の戦う人としての武士のあり方をお話ししてきました。戦場における名乗りと系図読み、一騎打ち、騎馬・弓射の術の妙技の競い合い、そして、主君の馬前に屍をさらす忠節。それらが中世の武士の基本的な特徴になりますが、戦闘のスタイルは徐々に変化をしていきました。主要な武器が弓矢から槍《やり》に変わっていき、鉄砲も用いられるようになっていきます。それにともない、騎馬・弓射の術を中心とした一騎打ちの戦いから、次第に集団戦・組織戦の様相を呈してきます。そして武士のあり方も、より社会性を意識した近世的なものへと移行していくことになるのです。

第3章 明文化される武士道——『甲陽軍鑑』『諸家評定』『可笑記』

「武士道」という言葉は、いつ頃から登場したのでしょうか。これまでの研究では、おおまかに戦国時代から徳川時代にかけて形成されたということがわかっています。それ以前、中世における武士たちの精神や行動規範が「弓矢取る身の習い」などと表現されていたことは、前章に述べた通りです。

それが戦国時代を経て、近世・徳川時代に入るとともに、「武士道」という新しい表現に変わってきます。その大きな要因は、騎馬・弓射という戦闘術が次第に衰えていき、個人戦から集団戦へ、さらにより組織化された戦いへと戦闘様式が展開していったからです。

武士を表現する場合も、「弓矢の士」に代わって「槍一筋の者」という言葉が多く出てくるようになります。同時に「武者の道」や、「武者道」「武道」「武士道」という言葉が新たに登場してきます。そして、その中でもとくに「武士道」という言葉が、武士の観念を代表する表現として一般化していきました。

†『甲陽軍鑑』の武士道

この「武士道」という言葉と観念を世に広めた書物に、『甲陽軍鑑《こうようぐんかん》』があります。『甲陽軍鑑』には武田信玄の事跡、あるいは子の武田勝頼、さらには〝武田二十四将〟と呼ばれた勇猛な武士たちの行動やあるべき姿、そして卑怯未練なネガティブな表現――それらが「武士道」という言葉によってまとめ上げられています。

この本が著わされたのは天正五（一五七七）年以降と言われています。書かれたきっかけは、かの有名な長篠の戦いにありました。かくも強大であった武田の軍団が、一朝にして壊滅に陥ったのが長篠の戦いです。強勢を誇った武田軍がなぜ壊滅に追い込まれたのかという反省を込めて、それまでの来し方を見直し、何が武田の軍勢を狂わした原因であったのかを縷々《るる》書き、あるべき武士の姿と、あってはならない卑怯未練、そしてまた佞人《ねいじん》（こびへつらう者）がお家を食い潰していく原因であるといったことが批判的に書かれています。

この『甲陽軍鑑』は、全二〇巻から成る大部な書です。一般の人には馴染みのない文献だと思いますが、この中に一人の軍師・山本勘助という人物が登場し、大いに活躍します。

後に井上靖氏がこの人物を主人公にして書いた小説『風林火山』は『甲陽軍鑑』に記された史実に基づいています。二〇〇七年に大河ドラマにもなった『風林火山』のネタ本であると言えば、『甲陽軍鑑』に少しは親近感を覚えてもらえるでしょうか。

さて、『甲陽軍鑑』は高坂弾正昌信《こうさかだんじょうまさのぶ》という人の口述によるものとされています。この高坂弾正についても、少し説明しておきましょう。

高坂弾正は〝武田の四天王〟と呼ばれた中の一人ですが、天正三（一五七五）年の長篠の戦いには参加していませんでした。武田軍団が甲斐の国を出て三河方面に出張っていくと、越後の上杉謙信が機を見て進出してきます。それを食い止めるために、高坂弾正は一万ほどの兵を率いて川中島の海津城（後の松代城）で上杉と対峙していたのです。

その間に、長篠で戦った味方の兵士は、信長・家康の連合軍に大敗を喫します。四天王と呼ばれた山県三郎兵衛尉《やまがたさぶろうびようえのじよう》（山県昌景）、馬場美濃守《ばばみののかみ》（馬場信春）、内藤修理亮《ないとうしゆりのすけ》（内藤昌豊）と、四人のうちの三人までが討ち取られ、さらに武田二十四将の大半も失うという、たいへんな打撃を被ったのです。

残った兵は這々《ほうほう》の体で戦場を離脱します。信州の高遠城まで辛うじて引き上げて来た武田勝頼を、高坂弾正は上杉謙信に暫時和を乞うたうえで迎えに行き、そこで勝頼はようやく難を逃れました。四天王のうち唯一生き残った高坂弾正は、武田の過去を回顧して敗因

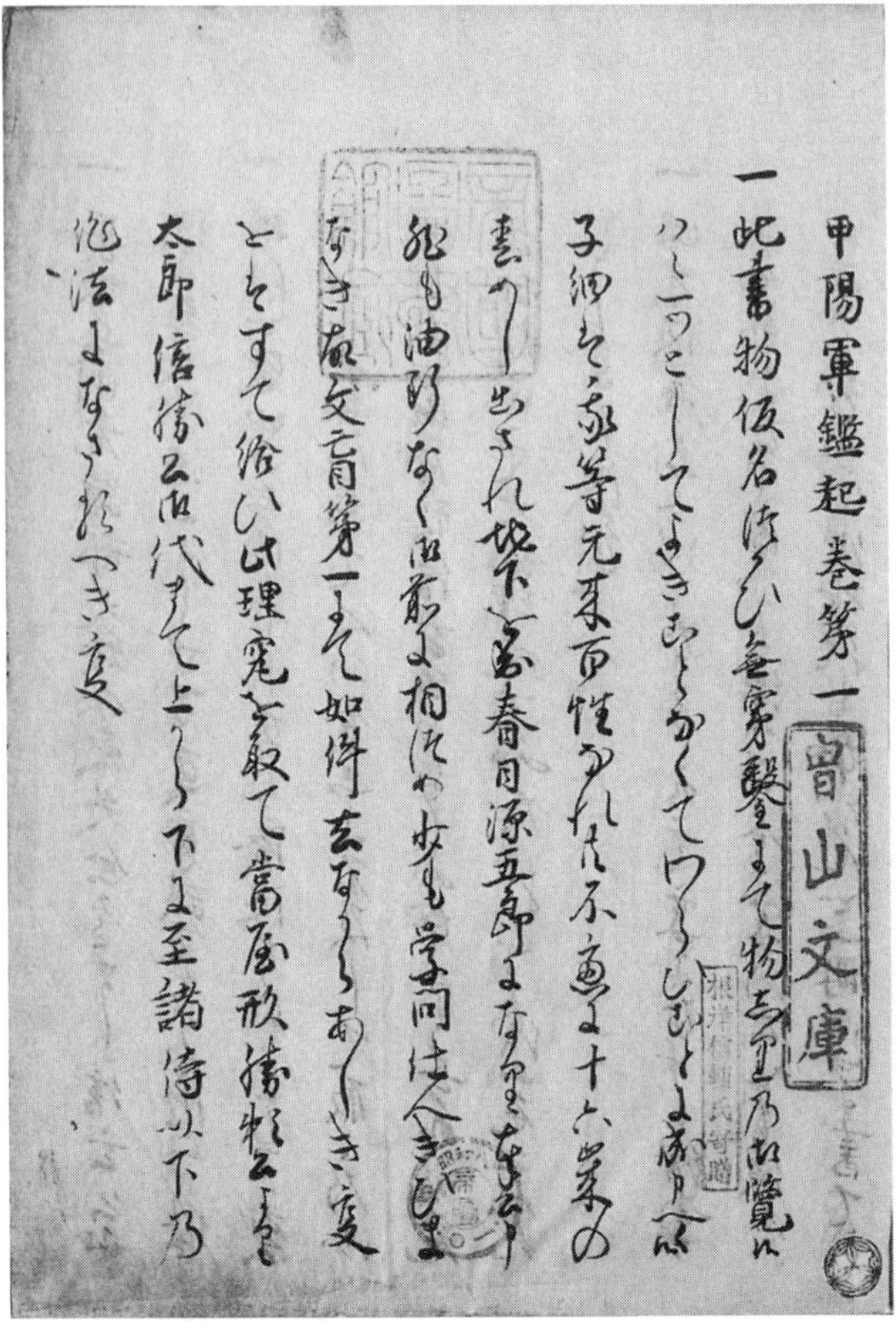

図⑥　『甲陽軍鑑』（国立国会図書館蔵）

を探り、それを論評的に記したのが『甲陽軍鑑』なのです。

後に、同じく武田の家臣だった小幡勘兵衛景憲《おばたかんべえかげのり》がこの本を補訂し、それに基づいて「軍学」というものを広めることになります。これが「武田流軍学」、あるいは「甲州流軍学」と称されるもので、近世軍学の世界に大きな影響力を及ぼします。高坂の著・小幡の改訂による『甲陽軍鑑』は、近世・徳川時代の軍学の聖典と目され、武士の教科書として広く読み伝えられるものになりました。軍学者の山鹿素行が説いた有名な山鹿流軍学も、甲州流軍学から枝分かれしたものなのです。

その『甲陽軍鑑』の中に、「武士道」という言葉が三十数回に渡って登場してきます。その事実からして、「武士道」という言葉をつくり上げ、広めた要因が『甲陽軍鑑』にあるのはほぼ間違いないであろうと考えられます。

†戦場における技量を重視

では、『甲陽軍鑑』における「武士道」という言葉は、どのような意味合いで使われているのでしょうか。これは極めて明快であり、戦場における勇猛果敢な振る舞い、槍働きの巧妙、卑怯未練なことなく出処進退を見事に貫くこと、そして主君に対する忠誠、そういうものが「武士の道」ということでとらえられています。

たとえて言うと、次のような表現でそれが出てきます。

人つかひ給ふ様あしく御座候と先日も大形申し上るごとく（中略）武士道の役にたつ者をば、米銭の奉行・材木奉行或は山林の奉行などにされ（品三十）

これは人事についての論評です。武田家の人事がよろしくないという批判の一つで、武士道の役に立つような者を米銭の奉行（後でいう勘定奉行のような役職）や材木奉行に任命するのはたいへんな人材の損失であるという指摘です。つまり、行財政を司る役職には戦場で役に立たない秘書官タイプの者を登用すべきであり、すなわち「武士道の役に立つ者」とは、戦場における槍働きの巧妙なる者を意味していることがわかります。

少し先回りして述べると、武士の本来的な働きが行財政の役職の対極にあるという考え方は、一七世紀の後半の元禄の頃になるとまったく逆転をしてしまいます。勘定奉行をはじめとする行財政職は、武士の世界において花形の役職になり、槍働きしかできない者は「役立たず」と言わんばかりの武家社会に変わっていくわけですが、『甲陽軍鑑』が広まった一七世紀の当初までは、戦場における槍働きに優れた者こそ真の武士であり、行財政職に携わる者は「戦場での役立たず」という価値観が支配的でした。「武士道」の内容も、掛け値なしに戦場における勇猛果敢な行いを求めていたと言えるのです。

†武士たるものの気概

『甲陽軍鑑』の中からもう一例上げると、このようなものもあります。

親兄弟の敵討ちたる者（中略）敵をとらねば武士道は棄《すた》たり。武士道を棄《すて》たれば、頭をはられても堪忍仕《つかまつる》べし、頭をはられて堪忍致す者が、何とて主の役に立つべき（品四十七）

敵討ちもできない者に、どうして武士道が実践できようか。ここでは親兄弟の敵討ちをするのは武士として当然のことであるという姿が示されています。

「頭をはられて」という部分は、武士社会においてもっとも侮辱的な行為を象徴的に指しています。素手や扇で頭を叩かれながら、それでも事を荒立ててはならないということで「堪忍、堪忍」と我慢することしかできないような者は、武士道を捨てたも同然であるということです。

この頃、武士の社会では喧嘩両成敗法が広まっていました。どんなことをされても絶対に反撃してはならない、闘争に訴えてはならないという法があるために、頭をはられるという極めて屈辱的なことをされても「堪忍、堪忍」「穏便、穏便」と我慢するのが良いという風潮が出てきていたのです。それは一見、それで社会や組織は平穏無事が保たれているようであるけれども、それほどまでの侮辱を受けて何ら気概を示すことができない人間が、どうしていざという危急存亡のときに主君のお役に立つことができるであろうか、つまりは主君も、主君の御家（藩）をも滅亡に追いやってしまうことになる、という武士道の精神をここでは表現しているわけです。いずれにせよ、武士道がそういった勇猛果敢さを示していることには疑いがないと言っていいでしょう。

†個の信念を評価した『諸家評定』

ところが、『甲陽軍鑑』以降に著わされた書物では、『甲陽軍鑑』が称揚していたような勇猛果敢な振る舞いに対して批判的なニュアンスが出てきます。『甲陽軍鑑』はそれとしてもちろん尊重はされますが、さらにもっと武士の内面に対して目を向けよという考え方が武士道論の主流になっていくのです。この点も注目をしなければなりません。

小笠原昨雲《おがさわらさくうん》という軍学者が著わした『諸家評定《しょけのひょうじょう》』という本があります。元和七（一六二一）年に編纂された二〇巻からなる兵学書で、明暦四（万治元・一六五八）年に二〇冊で刊行されました。そこでは武士道の一端が次のように表現されています。

意地なき人は、なびくまじき子細なれども、時の褒美に迷はされ、あるひは時の権に恐れては、今日味方に来るかと思へば、明日は敵となり、世俗に内股膏薬といふごとくなる事は、意地なき故なり。これ武士道には大きに忌むべき事なるべし（第十五、六品）

ここでは「意地」という言葉が主要なテーマとして出てきています。意地のない人間は一時の褒美、あるいはそのときの権力のありようによって、風見鶏のごとく態度を変える。内股に貼った膏薬《こうやく》が歩く度に右側についたり左側についたりするように、今日はこっち、明日はあっちと、褒美や権力になびくのは、外面的な利益誘導に動く人間であり、武士道においてあるまじき姿である、と。

外見上の勇猛果敢な行動ではなく、内面的な信念の強さを問題にしているところが注目すべき点です。その信念を「意地」と表現し、これこそが武士道の核心であると論じているところは、ひたすら外面的な部分を主張する『甲陽軍鑑』に対する批判的なニュアンスが多分に込められていると考えられますが、武士道が人間の心に焦点を当てるようになってきたのは、ある意味で思想的に成熟してきた証と言えるかもしれません。

参考までに記すと、『甲陽軍鑑』も『諸家評定』も今日、活字本として出版されていますので、誰でも読むことができます。どちらも大部の書物で、『甲陽軍鑑』は三分冊から成り、『諸家評定』は六〇〇ページにも及びますが、それを徳川時代では写本ではなく木版で発行したわけですから、版木をつくるだけでもたいへんな労力だったはずです。その技術と能力にも驚かされますが、それだけのことをしてもビジネスとして採算が取れたということですから、購読する読者層も非常に広かったということがわかります。しかも後刷りが何回も出ていますから、高価で難しい本でも需要があったということであり、当時の武士の識字能力や学習能力が非常に高かったことを物語っていると言っていいでしょう。

ヨーロッパの騎士はたいてい文盲です。世界的に見ても戦士は文盲というのが普通で、文字は僧侶が扱うものだというのが多くの社会の通念でもあります。文盲であることは別にはずかしいことではなく、戦士は戦場において勇猛果敢であって、名誉の働きをなすことが求められていたのです。キリスト教の西欧社会でも、行政文書というのは教会の僧侶が担当しました。日本でも中世武士の時代には僧侶が行財政職を担当するというのが当たり前でした。

たとえば室町幕府の財政などは、禅宗の僧侶が帳簿付けから勘定まで全て担当し、武士は基本的に携わりませんでした。しかし徳川時代に入ると、日本の武士の識字能力は著しく高まっていくようです。『甲陽軍鑑』のような大部の書物を教科書にして武士が軍学を修めていたことから推し量ることができるわけです。

†武士の不覚悟を訓戒した『可笑記』

もう一冊、武士道に言及している書物として紹介したいのが『可笑記《かしょうき》』です。少し変わったこの題名は、「笑うべき記」と読めば趣旨がわかりやすいでしょう。このようなことをすれば笑われる、このような馬鹿な真似をするとお家を潰す、という批判的な内容が記された五巻からなる武士の教訓書です。寛永一九（一六四二）年に板行《はんこう》、つまり『甲陽軍鑑』や『諸家評定』と同様に印刷物として出版されています。

作者は「如儡子《にょらいし》」といって、こちらも「傀儡《くぐつ》のごとき者」と読めます。多分に自虐的な名前で「操り人形のごとく」といった意味が込められたペンネームですが、素性は山形藩最上家の旧家臣・斎藤親盛《さいとうちかもり》という人物であるということがわかっています。

山形藩の初代藩主である最上義光《よしあき》は、伊達政宗の伯父にあたる人で、義光の時代には最上家も大いに隆盛していました。しかし、義光以降の藩主は藩政を顧みずに遊興三昧の有り様。家老たちは派閥闘争に明け暮れ、藩主が急死すると一方は「暗殺ではないか」という疑念をぶつけ、他方は「誣告《ぶこく》（濡れ衣）である」と切り返すという様相で、藩内はがた

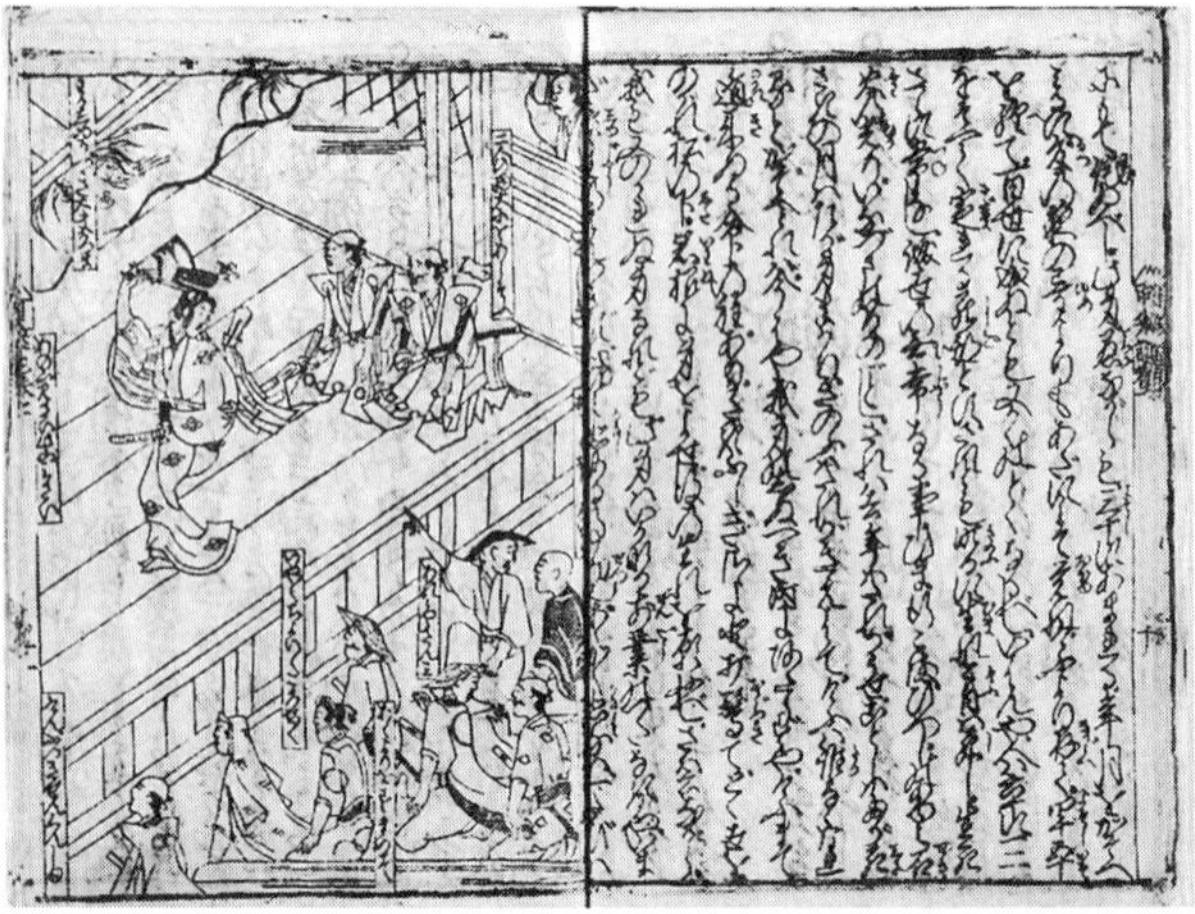

図⑦　ユーモラスな挿絵とともに編まれた『可笑記』（国立国会図書館蔵）

がたの状態でした。

最上家というのは、幕府にとっても東北の安定勢力です。伊達と最上の二つの家が並ぶことによって奥州・羽州の両国が安定するわけですから、幕府としてもしっかりしてもらわなければ困る。内紛を止めて藩主を盛り立てるようにと幕府は最上家に繰り返し勧告しますが、一向に収まらない。ついには幕府も業を煮やし、最上家五〇万石は改易（所領の没収）の憂き目にあいます。

そのときの藩士の一人が斎藤親盛でした。まだ若かった彼は派閥争いの中にはいませんでしたが、改易によって全てを失います。主君と禄を失った武士というのは哀れなもので、ただもう路頭に迷うしかない。若年の斎藤親盛は年老いた父と母とともに江戸へ向かいます。その途中で父は亡くなり、老母とともにかろうじて江戸にたどり着きます。

親盛は仕官（就職）を目指しますが、叶いませんでした。しかし、彼には教養があったので、文筆で生業を立てようとします。そして著わしたのが『可笑記』でした。これは兼好法師の『徒然草』の文体を擬した随筆体で、時世を風刺し、当世武士の不覚悟を訓戒するという内容です。その中には最上家におけるさまざまな愚行や、主君を盛り立てない家臣たちへの批判といったことが込められ、露骨ではないまでも無能な武士の姿が感じ取れる内容になっています。それが「笑うべき記」という題名につながっているわけです。

『可笑記』が世に出ると、これがたいへんな好評を博しました。何度も刷りを重ね、一七世紀末の元禄時代に至ってもなお出版されたという一大ベストセラーになります。親盛は武士というよりも作家として後に名を残すことになり、『可笑記』は近世小説の祖型を成したという点において、国文学の世界ではたいへんに重要な作品とされます。たとえば井原西鶴などに先行する作品とも言われ、『可笑記』における表現方法や言葉遣いが後々の草双紙の文体の基本にもなりました。井原西鶴自身が『新可笑記』という本を書いていることからも、『可笑記』の影響の大きさをうかがい知ることができます。

†命を惜しまぬことばかりが良き侍ではない

歴史学の分野では、これまで『可笑記』について顧みられることはあまりなかったのですが、作中には「武士道」という言葉が一〇ケ所ほど出てきます。その点からも、『可笑記』は武士道研究において見逃すことができない文献であろうと私は考えています。そしてまた、二つの観点で『可笑記』は武士道の実態を知る貴重な手掛かりを示してくれています。

一つは、武士道の概念・観念についての大きな変化です。たとえば、「武士道の吟味」という表現が出てきます。吟味というのは英語ではテイスティングですが、今日の表現に改めるなら「武士道という言葉を検討・説明するには」といった意味合いになろうかと思います。

その内容は、次のように記されています。

武士道の吟味と云は、嘘をつかず、軽薄をせず、佞人ならず、表裏を言はず、胴欲ならず、不礼ならず、物毎自慢せず、驕らず、人を譏らず、不奉公ならず、朋輩の中よく、大かたの事をば気にかけず、互ひに念比にして人を取たて、慈悲ふかく、義理つよきを

肝要と心得べし、命をしまぬ計《ばかり》をよき侍とはいはず（巻五）

この定義の中で非常に大事なことは、「武士道」という言葉を武士である親盛自身が解説をしているという点です。武士の言葉で語られた武士道論です。しかもその内容は、「命を惜しまないことばかりが有能な侍ではない」と明言しているのです。これは『甲陽軍鑑』に出てくる武士道とは大きくかけ離れているところです。勇猛果敢だけが武士道なのではなく、むしろ人間としての「徳義」ということがより重要であり、それを磨き、涵養することこそが武士の心得であるとしています。

前述した『諸家評定』では、武士道の内面的な要素が「意地」という言葉で表現されていましたが、『可笑記』ではさらにより深く人間の普遍的な道徳性というものに武士道の主要なる内容があるということが明記されているのです。

『可笑記』のいま一つの重要な観点は、一般庶民への影響です。『甲陽軍鑑』や『諸家評定』は武士を対象とした軍学の教科書として書かれていますが、『可笑記』は一般庶民を対象とした仮名文字で書かれた読み物です。寺子屋で教わる程度の読み書きの能力を持っておれば、誰にでも読めました。だからこそ、元禄時代に至るまで繰り返し出版され、広く読まれてきたのです。その意味において、『可笑記』は一般庶民が武士道という言葉や概念を受容していく上で、大きな役割を果たしたと言ってもいいでしょう。

第4章　「治者」としての武士――徳川時代における武士道の深化・発展

†完全な平和状態

　武士道の概念内容が、戦場での勇猛果敢さから内面的な徳義の重視へと移行していったことは、徳川時代における武士の存在の変質という問題と大きく関わっています。徳川幕府の時代は、武士が主たる勢力であるにもかかわらず、戦争のない社会でした。これは大きな特徴で、二百年以上に渡って内戦も対外戦争もまったくない完全な平和というのは、長い日本の歴史においてもここが唯一の時代であると言っていいでしょう。

　よく、日本の平安時代も平和だったと言われますが、これは誤解です。平安時代は、平安京という名の都があったから平安時代と名付けられたのであって、平安な時代であったわけではありません。この時代には平将門の乱や藤原純友の乱といった内乱や、刀伊《とい》の入《にゅう》寇《こう》という中国からの侵攻もあり、決して平和な時代ではありませんでした。

徳川時代を詳しく調べれば大塩平八郎の乱などはありますが、これも農民一揆に毛が生えた程度の騒動で、幕府によって半日で鎮圧されています。本格的な戦争が二百年以上に渡って起こらなかった社会というのは、日本史のみならず世界史的にもたいへん珍しいことです。

ヨーロッパでは、二百年にわたるパクス・ロマーナ（ローマの平和）という時代もありました。しかし、これはローマ帝国が他国を征服・制圧する過程においてローマは安全で繁栄が続いたという意味ですから、戦争がなかった時代ではありません。

ドイツの哲学者のカントは、『永遠平和のために』という著作の中で徳川時代の日本社会に言及し、欧米列強の侵略と植民地主義との対比の中で、平和国家の一つのあり方として評価しています。また、同時代の哲学者フィヒテも、日本は自給自足の完全なる自立国家であり、他国を侵略せずとも国家は運営できると、貿易政策の観点から徳川時代の日本の社会を評価しています。「武士道」というと、いかにも好戦的な思想のように聞こえるかもしれませんが、武士がもっとも優勢であり、武士道が広く行き渡っていた徳川時代こそが、じつは日本史上もっとも平和な時代だったのです。

東アジアの海が平和であったのも、やはりこの時代です。日本と朝鮮国との間には正式の国交があり、朝鮮通信使による国書の交換が行われていました。日本と中国（清国）との間には正式の国交はありませんでしたが、政経分離の形で中国の数多くの商船が長崎に来航し、活発な取引きを行っていました。つまり、武士が政権の座にあり、武士道がもっとも盛んであった徳川時代の二百年こそが、東アジアの海がもっとも平和であったということです。

このことは日本人はもとより、韓国や中国の人たちにもぜひ知っておいて欲しいことです。

†戦争なき世の武士の存在意義

あわせて考えなければならないのは、武士自身の変質です。二百年に渡って平和が続いていた間も、武士の立場が戦う人であったことには変わりありません。

しかし戦争がなければ、武士は自宅待機という状態になります。その間、収入は保証されました。二百石や千石などと米（玄米）の石高で示される武士の給与は「禄《ろく》」とか「知行《ちぎょう》」と呼ばれますが、サラリーのかたちであれ、農村という領地のかたちであれ、戦争がなくても支給はされました。禄・知行は本来、戦争に備えて武備を調達するための原資です。甲冑を整え、馬を養い、従者を雇い入れ、武器、弾薬、兵糧を確保するために支給されるもので、生活費に充てられるのは知行の一割くらいでしかありませんでした。

ところが戦争は起こらない。それでも給料はこれまで通りもらえる。そうなると禄・知行はほとんど生活費に充てることができるようになりますから、武士の生活は潤うことになります。家作は立派になり、妻や娘にもきれいな着物をあつらえてやることができます。武士たち自身も、昼間から友だち同士で酒を飲んで遊んでいられる。

まことに結構な身分ですが、そこは日本人らしいところで、「遊んでいてもよろしい」と言われると、「何か仕事をさせてくれ」ということになる。ただ遊んで暮らしているのは、後ろめたい気持ちになるのでしょう。

それは一つには、日本人の気質もありますが、もう一つには「戦争もないのになぜ年貢を納めるのか」という、百姓農民からの厳しい目もあります。本来なら度重なる戦争の中で、身を犠牲にして外敵から領国を守り、平和を維持して農民の生活も安全にするという大義名分があって年貢は徴収されるものです。ところが戦争はない、この先もとても起こりそうにないとなれば、年貢を納めさせる理由の説明がつかなくなる。

そこで武士たちは、平和な時代における自分たちの新たな存在意義を見出そうとします。目を付けたのは行財政といった分野の役職でした。戦争がなくなり平和な時代では日々の生活が重視される。江戸は一〇〇万都市に発展を遂げます。その社会では、法律の制定、裁判、治安・警察、あるいは治水灌漑、新田開発、耕地改良、防火防災、災害復旧、殖産興業、病院、薬事、等々。行財政のニーズがあちこちで湧き起っていました。関係役職が数多く設けられ、これらの方面へ武士たちは一斉に進出することになるのです。

かつて、「米銭の奉行」(勘定奉行)というのは武士が軽蔑した職務でした。武士は戦場における槍働きで自己実現すべきもので、算盤・帳簿付けなどは役立たずの者のすること、という意識でした。それが平和な時代になったことで、勘定奉行などは武士にとって花形の役職になっていきます。もちろん、戦うことを放棄したわけではなく、戦闘の義務を維持したまま、兼務というかたちで武士たちは行財政職の分野になだれ込んでいったのです。

ところが、行財政職のポストはそんなにたくさんあるわけではありません。仮に武士が五〇〇〇人いたとしても、ポストは一〇〇〇しかなかったりします。そうなると、四〇〇〇人は行財政職を兼務できないことになります。別に兼務しなくても、武士は武士であることによって禄とか知行という給与はもらえるのですが、次第に、行財政職に就いていない者は「無役」と記されるようになります。まるで「役立たず」のような言われようです。

本来は弓矢の技で、あるいは槍一筋の働きで武名を輝かせることが、武士の理想であったのですが、徳川時代には平時の行財政の分野において役立つ人間こそが武士の中核になっていきます。このような価値の逆転とともに、武士には領国の統治を行う役人としての使命が生まれます。それがつまるところ、武士道の観念の大きな変容と相即の関係にあるのではないかと思うのです。

†ヨーロッパの騎士との違い

ここで、ヨーロッパの騎士との対比についても述べておきましょう。日本の武士と同じように、ヨーロッパには騎士がいます。自分の領地を持ち、戦闘者として自立的に戦う。領地の所有保証をしてくれる主君に対して忠誠を捧げるという封建的主従関係を取り結んでいる。甲冑を帯した騎馬士というスタイルを基本とし、かつ必ず自前の従者をともなう。もちろん武装はすべて自弁です（ほとんどの国では、軍人の装備は国家や政府からの支給です）。これらの点で、日本の武士とヨーロッパの騎士は、非常によく似ています。

さて時代とともに、戦士であるにもかかわらず戦場から離れたという点も共通していますす。ヨーロッパも一七世紀に入ると争乱状態から秩序の再建の時代へと移行します。日本とヨーロッパの歴史は不思議とよく似ていて、一六世紀は内乱と農民戦争の時代です。ヨーロッパでは宗教革命が起こり、新教国と旧教国の対立の中で領主たちの争いが起こり、また、宗教戦争に名を借りた領地の拡大・侵略や、争乱に乗じた農民戦争が起こりました。一方、日本では浄土真宗本願寺を中心とする一向一揆の蜂起があり、農民たちによる土一挨がありました。宗教戦争と農民戦争が絡み合っての大争乱というのは、日本もヨーロッパも同様でした。

その後、日本は徳川幕藩体制が整えられ、その下で平和を享受することになります。ヨーロッパでは国王権力による統合が進められ、その極点にルイ一四世によるフランス・ブルボン王朝の絶対王政というものが確立します。日本ではちょうど専制君主として名高い五代将軍・徳川綱吉の治世であり、豪華絢爛な元禄文化の時代と対応するという点もおもしろいところです。

一七世紀の終わりの元禄時代である綱吉の頃は、まさに武士たちの行財政職への一斉進出の時期で、幕府の勘定所もこの頃どんどん拡大をします。勘定所を中心に、「お役」と呼ばれている行財政職のセクションが枝分かれしていきます。それはまさに日本における行政官庁と官僚制の幕開けの時代と言えます。

ところがヨーロッパでは、騎士たちが一斉に行財政職に進出するという現象は見られませんでした。行政組織の拡大は同じく一七世紀の後半に見られるにもかかわらずです。ヨーロッパでは行財政官は、あくまで騎士とは別個にリクルートされているということです。長官クラス、たとえば財務長官は大商人や銀行家のような経済やマネジメントに長けた人間が登用されました。土木建築長官であれば、その分野の名の知られたプロフェッショナルがやりました。最高裁長官や司法長官は、当時のヨーロッパではローマ法が復活してきますので、ローマ法を大学で修得した人物が担うことになります。

では、騎士は何をしていたかというと、騎士は騎士のままでいたのです。領地は先祖代々受け継いでいるし、そこから地代も上がる。貴族としての爵位ももらっています。何をして暮らしているのかといったら、ベルサイユのような所でダンスに興じ、オペラを観て、音楽鑑賞をし、「恋だ」「冒険だ」と毎日優雅な生活を送っていたわけです。この点は日本とヨーロッパとの大きな違いであり、後々、両者の官僚制度の違いとなって表れてきます。

武士が一斉に行財政職に進出した日本の官僚制度は、いわば「侍官僚制」です。役人のほぼすべてと言っていいくらい、日本の官僚制は武士に占有されました。ヨーロッパの官僚制は、一部には志を持った騎士が大学で勉強して、役人になったケースもあったかもしれませんが、騎士ではない人間のほうが圧倒的に多かった。ここが日本と欧米の官僚制の違いであり、両者の分岐点でもあります。

行財政職というのは、特殊な能力がなければ務まりません。土木、治水、灌漑、殖産興業、病院、薬事、等々といった分野です。そう考えれば、その道のエキスパートが登用されたヨーロッパの官僚制度のほうが本来的な姿といえます。専門家がやるべきところを、

「オレたちがやる」と言って武士たちが強引に占有してしまった日本の官僚制のほうが特殊なのです。

†職務経験を通した技能形成のルーツ

だとすると、行財政職に就いた武士たちは、そもそもどうやって行財政各分野の特殊専門能力を獲得したのかという根本的な疑問が出てきます。

それまで遊んで暮らしていた武士たちは、行財政職に必要な特殊専門技能を、つまるところ現場で働きながら修得していたということです。現在で言うところのOJT（On the Job Training）です。これが日本人の技能形成の特色であり、その様式は一七世紀半ばに行財政職に一斉に進出した武士たちによって自ずから開発されたのです。

その当時、日本では儒学が盛んになりますが、儒学は道徳や品性に関わる学問であって、いくら勉強しても土地の測量や治水灌漑の技術が身につくわけではありません。結局、武士たちは現場で先輩たちから教わったり、あるいは自ら経験するトライ・アンド・エラーを通して必要な技法を身につけるしかなかったのです。

私はよく武士たちの技能獲得に関して、「現場そのものがテキストである」「経験が先生である」という言い方をするのですが、これこそ日本における技能形成の根本なのです。

そして、日本のOJT型技能形成のスタイルは、まさに一七世紀半ばに武士たちによってその方向性が決せられたというのが私の持論です。この仕組みが、徳川時代に二〇〇年にわたって続き、商家でも武士と同じように現場で学ぶ習慣が同時進行しているわけですから、それが後世に影響を及ぼさないはずがありません。こうしてOJT型技能形成が、日本の社会の主流になっていくわけです。

現在でも日本の社会では、採用される新人には余計な色がついていないほうが好ましいとされます。真っ白な状態で組織に入ってきて、現場で仕事の経験を重ねながら、だんだんと技能を身につけていくことが推奨されます。さらに、特定の部門に長くいるよりは、いろいろな部門の仕事を経験するほうがいいとされます。組織人であれば、異動を繰り返しながら、最後にトップに立つ。そうすると、トップに立った者は全般的に物事に対しての目配りが利く。すなわち、ゼネラリストが出世できるタイプであるということです。

このことは、特殊専門的な業務に徹したスペシャリストが日本では育ちにくい要因でもあるという指摘にもつながります。ですから、良し悪しはありますが、いずれにせよ日本の社会における技能形成、組織形成の根本は一七世紀の武士社会に見ることができるのです。

この問題は、実は今日の日本と欧米との組織特性の比較につながっていきます。欧米の官僚制度はスペシャリストたちの集団としてあります。一方、日本の官僚制度はゼネラリストたちの集団とよく言われます。じつは、このことは行政官僚の技能だけでなく、企業の人材も含めた日本人の技能の特性と、その形成過程についての大きな秘密を示しています。

このような人材形成に関するあり方を武士道の観点から論じるならば、持続的平和の下、武士が領国の統治を司る役人・行政官として成長するに伴い、武士道もまた武勇一辺倒では不十分とされ、「治者」としての心構えと倫理性とを兼ね備えた徳義論的武士道へと深化・発展をしてきたということになります。ここに武士道の変容と成熟というものを見て取ることができるのではないでしょうか。

†徳川時代の軍事力は高かった

「太平の御世の腐れ死に」という言葉が徳川時代にはありました。平和になって命がまっとうされるのは結構だけれども、果たしてそれがいいことなのかという、自問と自虐を込めた武士の心情を表しています。

振り返れば、寛永一五（一六三八）年の島原の乱の終結から戦争は起こっていません。内戦も対外戦争もです。次の戦争はいつかといえば、文久三（一八六三）年の薩英戦争なのです。太平の御世はそこで途切れてしまうのですが、二〇〇年以上にわたる完全な平和を実現していたのです。

たしかに平和であることは好ましいことであり、この持続的な平和の中で武士は、前述のとおり行政官僚としての性格を備えていき、新たなその存在意義を見出していったのです。しかしながら、日本が幕末を迎える一九世紀にもなると、世界の情勢はそのような安穏な気分を許さなくなります。すなわち、英米仏蘭露（イギリス・アメリカ・フランス・オランダ・ロシア）といった欧米列強による世界制覇の波が押し寄せてきたのです。たとえばイギリスはインドを始めとして、今日のマレーシア、ミャンマー、シンガポールを植民地化し、アヘン戦争によって清朝中国を撃破して香港を獲得するといった情勢です。

このような事態に対して、日本の武士たちはどのように立ち向かっていったでしょうか。いわゆる尊王攘夷の嵐が日本国内で吹き荒れ、外国船に対しては打ち払いで臨めという強硬意見が支配的になり、それが薩英戦争や四国艦隊下関砲撃事件という形に展開していきます。

日本史の教科書や概説書には、これらの事件において欧米列強の強大な軍事力の前にコテンパンに叩きのめされて、そこで尊王攘夷派は無謀さを悟って文明開化に転じていったなどと書かれていますが、実はそれは正しい認識ではありません。

信じられないかも知れませんが、薩英戦争は薩摩の側の圧勝に近かったのです。生麦事件の賠償とイギリス人殺害者の引き渡しを求めて、文久三（一八六三）年七月、イギリスは七隻の軍艦で鹿児島に押し寄せてきました。この際、日本の攘夷主義者を徹底的に威圧しようとする狙いでした。当時、世界最強といわれていた大英帝国海軍の軍艦七隻の到来ですから、戦わずして薩摩は屈するだろうと思っていたのです（ペリーが浦賀にやってきたときは四隻でしたから）。

ところが薩摩側からは大砲の一斉射撃で応戦してきたのです。日本の伝来の旧式砲で撃たれても問題ないと甘く見ていたイギリス艦隊側は、薩摩の砲弾が旧式砲のそれではなくてペキサンス砲（開発者フランスの砲兵将校ペキサンスの名による）と呼ばれる、ヨーロッパで開発された炸裂弾の砲弾であることを知って驚きます。

それは薩摩藩だけのことではありませんでした。日本の攘夷派はヨーロッパ列強の軍事技術を早くから研究しており、ヨーロッパではナポレオン戦争のさなかに大砲の革命とも言うべき、強力な破壊力をもつ炸裂弾を放つペキサンス砲が発明されたことを知り、日本の攘夷派はその自主開発を目指して研究を進めており、実にペリーが来航する二年も前に、薩摩藩だけでなく幕府の韮山《にらやま》代官所でも佐賀藩・長州藩でもペキサンス砲の開発に成功していたのです。

ペリーが日本にやってきた時、浦賀奉行所の与力であった中島三郎之助はペリー側の艦船に乗り込んで、米側と談判するのですが、そののち艦内を案内された時、艦載砲を中島が指さして、「これはペキサンス砲なのか」と質問したことが米側の記録に残されています。（英語ではペーザンスと発音します）そのときのペリーの艦隊ですら、ペキサンス砲は一部の配備でしかなかったのですから、極東の島国の一介の地方役人が欧米の最新軍事情報を知っていることに、衝撃を覚えたことでしょう。

その時に日本が自主開発しえたペキサンス砲なるものが、正確にペキサンス砲かといえば、これは少し疑問符がつきそうです。それは正規のペキサンス砲であるよりは、「もどき」と言った方がよいようです。それは日本人が自分たちの技術の範囲であれこれ工夫して作ったもので、理屈から言えばかなり怪しいけれども、しかし結果はちゃんと出せているのです。

薩英戦争に話をもどしましょう。イギリス側が甘く見ていた薩摩の大砲は、ペキサンス砲系のそれであり、最初の砲弾はイギリス艦隊の旗艦ユーライアラス号を直撃して艦は大破、その場にいた艦長と副艦長の二人が即死をするという信じられないような状況が現出したのです。イギリス艦隊はパニックに陥ります。旗艦の艦長・副艦長が共に即死、旗艦は大破、そしていま残された艦隊の上に薩摩側の放つ炸裂弾が相次いで飛来してくるというのですから。この当時の日本側大砲は青銅製ながら三〇〇〇メートルの射程距離を実現していたというので、鹿児島湾に深々と入り込んでいたイギリス艦隊は逃げ惑うばかりでした。ともかく停泊用の碇《いかり》を切り落として鹿児島湾から脱出していったというのが実情でした。

大英帝国の海軍の歴史において、自国の軍艦が碇を残して退散したというのは、おそらく薩英戦争のときだけでしょう。ただ、さすがにそのままでは引き下がれないということで、再度の戦いを主張する意見もありましたが、旗艦の艦長が戦死してしまっている状態で、しかも三〇〇〇メートルの射程をもつ薩摩大砲群と直接交戦するのは危険であるという判断となり、結句、砲戦を避けて鹿児島の街を砲撃によって焼き討ちにして帰っていったのです。

これまでは、この鹿児島の街が焼き討ちにされたことをもって、「日本の攘夷派は無謀な戦いをしかけたあげく、欧米列強にたたきのめされた」といった形で幕末の歴史叙述がなされてきたのですが、以上のような経緯を見るならば、それは正しくはないということです。鹿児島の街の焼き討ちにしても、イギリス本国では直接の砲戦を回避して無防備都市を攻撃したことが厳しく非難されました。大英帝国海軍としてあるまじき所業、つまり「騎士道に反する」ということだったのでしょう。

†日本の攘夷派が近代化に果たした役割

薩英戦争のあった翌一八六四年（元治元年）、今度は米・英・仏・蘭の四ケ国連合艦隊による下関砲撃事件が起きます。それは前年の六三年（文久三年）に同じく攘夷派が優勢であった長州藩が、関門海峡を通過する外国艦船に対して砲撃を加えたことに対する報復攻撃でした。

この時の、外国側の攻撃態勢が問題となるのですが、それは英米仏蘭の四ケ国連合艦隊、計一七隻、艦載砲数はすべてで二五〇門というものでした。日本の一藩に過ぎない長州藩を相手に、何という陣容でしょう。当時の世界五大強国のうちの四ヶ国（もう一国はロシア）を動員しての大編成です。

相撲でたとえれば、関脇クラス一人に横綱四人がかりで闘っているようなものでしょう。これを指して、長州藩がコテンパンに叩きのめされたという評価をするほうが、どうかしていると言わざるをえません。長州藩を叩きのめすためには、世界の横綱クラスの四ケ国が連合を組む必要があったというのが実相でしょう。しかも一七隻もの大艦隊を編成してのことでした。前年の痛い目にあった薩英戦争と同じ轍を踏まないよう、四ケ国連合の万全の体制で臨んできたのです。

ところが、これだけの大兵力を動員したにもかかわらず、連合軍は下関を制圧するのに三日間もかかっています。さらに言うならば、そのとき長州藩の主力部隊は、京都に進撃して、有名な禁門の変を繰り広げている真っ最中でした。つまり、下関には留守部隊しか残っていなかったのです。これだけのハンディがありながら、長州藩の砲台は四ケ国連合艦隊を向こうにまわして、実に三日間の砲戦を敢行しえたのです。やはり長州藩の大砲もペキサンス系の炸裂弾を発射しており、連合国の艦船もその射程に入ると撃破される恐れがあるために、うかつに近づいて攻撃することができなかったということです。

最終的にこの戦争は連合国側に「負けた」という結果だけで、幕末から明治維新への流れが論じられてきました。つまり、尊王攘夷派の武士たちが欧米と無謀な戦いをやり、完膚なきまでに敗北したことで目が覚め、攘夷を捨てて文明開化路線に転じた、と。この判で捺したようなステロタイプの歴史認識に根本的な問題があり、それは誤りであるということがはっきりしてきました。

†水戸学と『新論』

最新式の大砲のみならず、蒸気船の研究・開発にもいち早く着手したのが日本の攘夷派でした。それはペリー来航より、はるか前のことであり、中国で発生したアヘン戦争よりも前のことであったのです。ヨーロッパの最新式の軍事技術に関する研究の最先端だったのが、実は尊王攘夷派の牙城といわれた水戸藩です。九代藩主の徳川斉昭はその熱心な指導者でありましたが、斉昭の下で、欧米の文化と技術の導入を積極的に説いたのが、水戸藩のイデオローグであった会沢正志斎《あいざわせいしさい》（名前は「安《やすし》」）です。

これまでは「攘夷、攘夷」と叫ぶだけの頑迷固陋《がんめいころう》な者と思われていた尊王攘夷派こそが、じつは欧米の文明にもっとも精通し、近代国家としての軍事力強化の主導の役割を果たしていたのです。そのことは、会沢が著わした『新論』（『日本思想大系53 水戸学』、岩波書店）の中に出ています。同書は中国のアヘン戦争より一五年も前の文政八（一八二五）年に完成しています（公刊は安政四（一八五七））。

「世界は五大洲からなる。そしてその四つまでが既にヨーロッパ人の支配するところとなっている」と、『新論』は指摘します。すなわち、ヨーロッパ、南北アメリカ、アフリカ、オセアニアの四大洲です。北アメリカは独立戦争によって独立したのではないかと思われるかも知れませんが、それはヨーロッパから渡来して植民した人たちがヨーロッパ本国から独立したということで、北米大陸の原住民であるアメリカ・インディアンの人たちが独立したということではありません。

さて五大洲の残るはアジアですが、ここも相次いでヨーロッパ人による支配と植民地化が進められつつある。インド、ビルマ（現、ミャンマー）、マレー半島、シンガポールはイギリスの支配下にあり、インドネシアは古くよりオランダの植民地、フィリピンはもとスペインの植民地で、後にスペインを戦争で破ったアメリカの植民地となっていました。ベトナム・ラオス・カンボジアにはフランスの支配が押し及ぼされようとしていました。

会沢は実に、このような当時の世界の状況を的確に認識しているのです。これだけでも水戸学なるもののレベルの高さに驚かされるのですが、会沢はさらに議論の歩を進めて、「このような情勢を見るならば、いま世界で無事に独立を保っているのは東アジアの清（中国）、朝鮮、日本の三国のみ。されば、この三国に対して欧米諸国が侵略の矛先を向けてこないということがあるだろうか、必ずや来る」と。会沢はアヘン戦争の到来を、その一五年も前に予見していたのです。

会沢は次いで、欧米勢力の力《パワー》の分析に進みます。欧米列強はどうして世界を制覇できるだけの力《パワー》を備えることができたのだろうか、それには二つのものがある。一つは、七つの海を自由自在に航行できる城のような巨大な艦船。いま一つは、すべてのものを破壊し尽くすことのできる革命的な大砲である。会沢はこの二つを「夷狄の長技」、すなわち野蛮人たちの優れた技術と呼んでいます。

このような強力な力《パワー》を備えた欧米勢力から、我が日本国を護るためにはどうすればよいかと問うたのち、彼は結論に到達します。すべからく、この「夷狄の長技」を学習して導入し、もって我が国の防備を強化し、それによって「夷狄」の侵略を撃退するのである、と。

攘夷論者である会沢の結論は、何と「夷狄」と呼んだ欧米勢力の技術を学んで導入すべきであると説いているのです。しかもモノとしての機械や艦船を導入するだけではだめで、それを自由自在に操作できる技法や学問も一緒に導入し、学習する必要があるとまで主張しているのです。開明論者も顔負けの近代化＝欧米化論ではないでしょうか。これが水戸学なるものの内実であり、日本の攘夷論の正体であったのです。

もちろん攘夷論者の大半は、頑迷固陋なという形容詞そのままの存在ではありました。しかし会沢の議論が提出されるに及んで風向きが次第に変わっていき、決定的なことは会沢の予言のとおりアヘン戦争が勃発し、眠れる大国であった清朝中国がイギリス軍の圧倒的な軍事力の前に敗退したという事実でした。この衝撃的な事態を目の当たりにして、日本の攘夷論は会沢の主導するそれに従うことになります。

こうして日本では開明論者も攘夷主義者も、欧米軍事技術の学習とその導入に傾倒していきます。会沢が的確に指摘していた欧米勢力の卓越した軍事技術、すなわち七つの海を自由に航行する巨大軍艦と、革命的な破壊力をもつ大砲の二つが枢要の課題です。実は会沢の段階では、それの詳細は知られていませんでした。会沢は、欧米におけるナポレオン戦争をはじめとする一連の戦争の情報から、そこに軍事上の革命的な発展があることを直観的に把握していたのです。会沢の柔軟にして卓抜な観察力と知性に驚きを禁じ得ません。

会沢理論に傾倒した人々は、これら軍事技術の詳細を解明することに努めます。二つの課題のうち、前者については蒸気の力によって自由航行できる艦船であることを知り、併せて蒸気機関という動力の仕組みを学びます。後者については、ナポレオン戦争のさなかにフランスで開発されたペキサンス砲と呼ばれる新型の大砲であることを突き止めます。この新型の大砲は着弾すると爆発する炸裂弾でした。それまでの大砲は、単に鉛や鉄の玉を放つだけのものでしたが、このペキサンス砲の登場によって大砲の破壊力は圧倒的になりました。文字どおり革命的な大砲です。これが艦載砲として使用されると、一発で相手艦船を撃沈させてしまうほどの威力を発揮したのです。

この大砲の存在を突き止めてからというもの、日本の知識人たちは開明派も攘夷派も「ペキサンス砲を！」ということが合言葉のようになり、その自主開発に邁進していくのです。今日、この方面の歴史学的研究が進んだことによって、この時期のペキサンス砲の開発状況の実態が明らかになってきました。そして前述のとおり、ペリーが来航する嘉永六（一八五三）年より以前に、幕府、佐賀藩、薩摩藩、長州藩の四ケ所で開発に成功し、実践配備できる状態にまで到達していたことが明らかになっています。

ただし当時の日本では製鉄のための溶鉱炉が未熟であったために、旧来技術による青銅砲として製作されました。しかしそれであっても、三〇〇〇メートルほどの射程を得ていましたから実戦にも充分役立ちました。前述の薩英戦争や下関戦争の中に、それらの実力が如何なく発揮されていたのです。

「頑迷固陋な攘夷派が無謀な戦争を仕掛けた結果、欧米勢力に叩きのめされて初めて目が覚め、それで文明開化政策に転じていった」というような旧来型の歴史像とは、もはや訣別しなければならないでしょう。日本がアジアの中でただ一国、欧米列強の植民地にならず、自立の中で近代化を遂げることができたのは、武士が消えた明治になってからの文明開化政策によってのことではなく、むしろ徳川時代の武士たちの力量によるところが大であったということです。

第5章 生き延びるための思想――『葉隠』をめぐる誤解

†「忠義」とは何か

少し視点を変えて、ここからは武士道における「忠義」の精神について考えてみます。

そもそも、「忠義」とはどのような心のあり方なのか。現在でも「会社に対する忠誠心」といった言い方がされますが、多くの場合、「個人的な欲求や感情を抑えて会社や組織のために尽くすこと」というニュアンスで語られます。それを表現する「滅私奉公」という言葉もあり、ある種の隷属的なイメージが持たれているように思います。

しかし、武士道における「忠義」とは、必ずしもそうした隷属的な意味合いでは使われていません。そのことを一番強調して書かれているのが『葉隠』と言っていいでしょう。かの三島由紀夫も愛読していたこともあって、徳川時代に著わされた武士道書の中で、今日のわれわれにも名前がよく知られ、かつ忠義の問題をもっとも深く掘り下げていると目される書物です。

『葉隠』に書かれている内容は、佐賀藩士の山本常朝《つねとも》が致仕（引退）した後に語ったものです。宝永七（一七一〇）年、同藩の若い武士である田代陣基《たしろつらもと》が、郊外に隠棲していた山本のもとを訪れ、「佐賀藩鍋島家の家風、さらには武士としての心得とは何か」と尋ねます。これに応じて山本が述べた話を田代が書きとめて、享保元（一七一六）年に『葉隠』は成立しましたから、前後六、七年をかけてまとめられたことになります。徳川時代には出版されることがなく、写本のかたちで鍋島家中に伝えられてきました。『葉隠』は武士道書の古典のように思われていますが、世に出たのは一九世紀に入ってからのことなのです。

†唯々諾々の服従が忠義ではない

全一一巻からなる『葉隠』の冒頭には、「武士道といふは死ぬことと見つけたり」という、現代の日本人の多くが抱く武士道のイメージにも深く関わる、あの有名な一節が出てきます。この言葉の意味については後述することにして、ここでは『葉隠』に出てくる「忠義」の概念について見ていきます。

仰せ付けにさへあれば理非に構わず畏まり（「聞書」第一）

主君の命とあるならば、理も非もなく、まずもって慎んで承るべきである。このような表現で『葉隠』は、主君の命令に対する絶対的尊重を一方では主張しています。しかし、続けてこうも書かれているのです。

さて気にかなわざる事はいつ迄もいつ迄も訴訟すべし（同）

「気にかなわざること」というのは、自分の心に照らして得心がいかないということです。納得がいかないことがあったならば、どこまでもどこまでも「訴訟」すべし、とあります。訴訟というのは裁判ではなく、文字通り「訴えかける」ことです。「本当にそれでよろしいのでしょうか」「別のお考えはありませんでしょうか」「ご再考の余地はありませんでしょうか」と、何度でも訴えかけることが大事であり、ただ黙って従うことが忠義の所以ではないと説いているのです。

忠義とは没主体的な服従を意味するものではない。むしろ主君の命に対して唯々諾々と従うのは忠義に見えて似非《えせ》忠義である、ということこそ、『葉隠』の言わんとするところなのです。

主君の御心入を直し、御国家を固め申すが大忠節（同）

『葉隠』はさらに踏み込んで、右のように述べます。たとえ主君であっても、誤った考え方や間違った行動に陥っているならば、それを厳しく正さなければならない。「国家」というのはこの場合「藩」と「家」の合成語ですが、佐賀藩鍋島家をしっかりと堅固になるように行動することが大きな忠節であると書いてあります。ただ従うことよりも、正しくないことは改めさせることのほうが忠義であるという考え方が、「御心入を直し」という強い言葉で書かれているわけです。

もっと読み進めていきますと、こういう表現もあります。

奉公の至極の忠節は、主に諫言して国家を治むる事なり（「聞書」第二）

武士が藩主やお家にお仕えする最高の形態というのは、主君に諫言することだと書いてあります。これは非常に大事な部分です。

主君の言動が間違いであると知りながら、あえて逆らいだてすると我が身の不利になるだろうなどと考えているのは、武士としてあるまじきこと。たとえ主君の逆鱗にふれることがあろうとも 即座に諫言を呈する気概と能力がある者こそが真の侍であり、真の忠義の所以《ゆえん》である。その忠義によって藩とお家を堅固に発展させることが武士としての最高の務めであるというのが『葉隠』の見解なのです。

†『葉隠』が諭す武士道の本意

『葉隠』について書かれた解説書の類はたくさん出ていますが、その中には主君の命令に絶対服従することが忠義であるかのごとく論じているものも見受けられます。その原因は、『葉隠』の表現に矛盾や逆説が多く含まれていることにあると言えます。

同書の冒頭に書かれている内容を現代語訳で示すと、こうなります。

「たとえ牢人（浪人）・切腹を命ぜられたとしても、これも一つのご奉公と存じて、未来永劫に鍋島の御家のことを第一に案じる心入れをなすことは、御当家（佐賀藩鍋島家）の侍の覚悟の要諦にして、わが骨髄とも言うべきものだ」

こう諭したうえに、さらに「武士道といふは死ぬことと見つけたり」とあるわけですから、最初の数ページを読んだだけで『葉隠』の教えは「主君へ絶対服従し、最後には死ぬのが武士の本望」のように誤解されてしまうのです。

しかし、じっくり読み進めてみれば、「主君が誤った考えに捉われているなら諫言せよ」と出てくる。明らかに矛盾する内容です。この矛盾をどのようにとらえればよいのかということが、じつは『葉隠』を読む場合の大事な視点になってくるのです。

「主君の御心入を直し、御国家を固め申すが大忠節」というフレーズに出てくる「大忠節」という表現に、この矛盾を解く鍵があります。つまり主君に対する忠義にもグレードがあると解すれば、この矛盾は消え去るでしょう。すなわち初級、基本篇的な忠義と、高いレベルでの忠義という関係として理解するということです。

つまり、浪人・切腹を仰せつけられたときに、「腹を切るのは痛い、死ぬのは嫌だ」と言って逃げまわっているようでは話になりません。そういう命令が下されたときに、うろたえることなく慎んで受けるだけの覚悟がなければならないというのが、いわば基本としての忠義です。

しかし、切腹さえすれば忠義なのか、切腹すれば武士道かというと、それは入門篇的な忠義であり武士道だということでしょう。高いレベルの忠義や武士道というのは、主君の言いなりに唯々諾々と従うのではなく、主君が誤った命令や行動をなしている場合には、敢然とその状況に立ち向い、主君に誤りを直言して正しい方向にもっていけるよう命懸けで働き、藩とお家が堅固に発展していくことを目指して奮闘努力すること、それが本当の意味での忠義であり、武士道なのだということこそ『葉隠』が伝える本意なのではないかと考えています。

それ故に、『葉隠』をもって絶対服従の武士道と評するのは誤りであり、むしろ「諫言の武士道」として理解すべきものなのです。

†主君「押込《おしこめ》」の慣行

『葉隠』は主君に対して諫言を呈することこそ、家臣としての最高の奉公の形であると説いていました。もっとも、主君に対して諫言を呈する権能は家老およびこれに準じる地位の家臣の職権であって、家臣の誰もができる訳ではありませんでした。

しかし限られた範囲とはいえ、諫言の権能を有した家臣・役人のあったことも事実です。そこで適切ではない命令や行動が主君によってなされた時には、彼らから諫言が呈されるのですが、これが聞き入れられない場合にはどうなるのか。主君の側がその諫言に憤りをなして、諫言を呈した家臣を手討ちにしたり、投獄するといった事態が続いた場合にはどうするのか。当然にも問題となるところです。

『葉隠』はさすがに、このシビアな問題には立ち入っていません。しかし徳川社会の侍たちは、この問題について大胆な解決法を案出していました。すなわち、諫言を聞き入れない暴虐な主君に対して、「押込《おしこめ》」という過激な処置を実行していたのです。家臣たちの手によって、その暴虐な主君の身柄を拘束して、座敷牢に投ずるというものです。

徳川の大名家などにこのような行為が見られることは、歌舞伎の『伽羅先代萩《めいぼくせんだいはぎ》』や時代劇などによって表現もされていました。しかしそこでは専ら、悪家老による御家乗っ取りの陰謀として理解されていました。あるいは下剋上的なクーデターといった捉え方でした。

徳川時代の大名家の君臣の上下秩序は厳然としているから、そのような主君の立場が危うくなるような事態は、乗っ取りやクーデターといった病理的な例外現象に違いないという暗黙の思い込みがあったように思われます。

ところが私が、これらの主君「押込」の事例を探求していく中で、これは病理的な例外現象なのではなくて、一般的な慣行としてあり、いわば徳川時代の武家社会の中にシステムとして内在化されていた正当な行為であることが分かってきました。

主君「押込」の具体的な事例については拙著『主君「押込」の構造——近世大名と家臣団』(平凡社選書、のち講談社学術文庫)を参照いただきたく思いますが、それらを通して主君に対する押込めの行為は、無定形、野放図に行われるのではなく、一つの確立された手続きを踏んで行われるものであることが分かってきました。それは次のようなものです。

一、「押込」の発議と合意形成 ――「押込」発動の職権範囲

主君が家臣の諫言を聞き入れず暴虐の振舞いが収まらない時、「押込」の必要が提起されます。この場合、その発議と議論の参画者は予め定められています。それは通例は藩政の執行部を構成する三役などと呼ばれる家老、中老（若年寄）、用人といった人々です。彼らは「押込」を発議し、協議する職権を有しているのです。

二、「押込」執行の場

主君「押込」はどこで執行してもよいものではなく、藩屋敷（国元・江戸ともに）の表座敷であることが必須とされていました。それ以外の、例えば藩主の寝所になど押しかけて執行することは、闇討ち同然、すなわちクーデターまがいの陰謀と見なされ、非難されていました。

三、「押込」の執行形態

主君が表座敷に現れた時、家老以下の三役は主君の面前に列座します。そして筆頭の家

老が、だいたい次のような宣告を主君に向けてなします。「お身持ち、よろしからず。暫く、お慎みあるべし」、すなわち不行状が収まらないので、暫く謹慎なさい、と。

この言が発せられるや、執行要員である物頭（足軽鉄砲隊長）や目付（検察官）が藩主の身柄を拘束し、その大小の刀を取り上げて、座敷牢に投じる。

四、再出勤の検討

「押込」を発動して、暴君を座敷牢に投じた以上は、そのまま隠居なりに処するのが当然と思われます。ところが、直ちに隠居ではなくて、家臣側と座敷牢内の主君との間でかなり長期間にわたって話し合いが続けられているのです。一年ぐらい続いているものもあります。何をしているかというと、その主君を座敷牢から出して、再び主君の地位に復帰させるための可能性を検討しているということなのです。

「押込」に処した主君を牢から出すというのは、怒れる虎を檻から出すようなものでしょう。危険ではないでしょうか。しかも出すかどうかという話し合いをしているのは、「押込」を発動したグループの家臣なのです。

どのような問題を検討しているのでしょうか。一つには、当該主君が悔い改めて、従前のような暴虐の政治は行なわず、善政に努めること。いま一つには「押込」派の家臣たちに対して報復的な処罰は行わないこと、この二点が枢要の課題となるでしょう。主君の側は、「悪かった、もう前のような悪政は行わないから、ここから出してくれ」と言うことでしょう。しかしそれを真に受けて牢から不用意に出した時には、目も当てられないような凄惨な報復が待っています。

それ故、家臣の側も粘り強く面談を重ね、いよいよ御気性が改まったと判断されたとき、主君に前述の二点を誓約書に認めてもらい、それを「押込」に関わった家臣の間で披見して、間違いないと判定したうえで、主君を座敷牢から出して主君の地位に復帰してもらうという慎重な手続きがとられることになります。

そこまで慎重にやってもなお、主君の側の報復はありうるのです。なれば、そのような危険なプロセスをとらずに、直ちに隠居手続きに入ってしまえばよいものを、そうではなくて、この再出勤の手続きを重視します。その意味については後述するところです。

五、隠居

「再出勤」をめぐる話し合いが不調に終わった場合、また「再出勤」ののち主君が報復的行動などにでたばあいには、当該主君は隠居に処せられた。世上では、これを「押込隠居」と称しました。

主君「押込」も近世初頭の一七世紀の頃には戦国時代の余臭も抜けず、そのやり方も粗暴、無定形で下剋上とさして変わらぬものでしたが、一八世紀の安定した状態となると、それは以上に見たような組織のガバナンスを担保する重要な制度的行為として位置づけられ、従ってそれは謀反などではなく、正当な行為として認知されるに至ります。それは執行する家臣の側にとってのみならず、執行される主君の側ですらその正当性を受認するに至っているのです。

何となならば、主君の側が「押込」を非難する言辞を眺めるならば、例えば、「押込」協議に参画する資格の無い者が実際には主導していたとか、あるいは表座敷ではない奥寝所にまで乗り込んできて執行したという点を非難しているのです。家臣の分際で主君を座敷牢に監禁するが如きは大不忠という類の非難の言が、全くと言ってよいほど見られないということに私自身、大いに驚きをもったものでした。

一八世紀の理性的に整序された主君「押込」は、もはや謀叛や乗っ取りといった病理現象ではなく、組織の健全性を担保するガバナンス的制度として位置づけられていたのです。それは諫言の一種として位置づけられていた。ただし口で申し立てる諫言が有効でないことによって発動される、物理的強制力をもった諫言であるとする観念です。表座敷が執行場所として必須要件とされていたこと、筆頭家老の宣告文言をもって「押込」が執行されるという手順を踏んでいることは、この「押込」の一連の手続きが家老による諫言という行為を、模擬的になぞらえていると捉えることによって、全体を整合的に理解することができるでしょう。

座敷牢にあった主君に、再出勤の機会が残されていたという点は、いよいよこれを諫言という行為に近づけることになります。諫言であるから、藩主の側が悔い改めて、正道に立ち返るということが確認されたならば、再び藩主の地位に立ち戻ることができるのです。これが「押込」が、クーデターや御《お》家《いえ》乗っ取りと一番異なる点です。

それ故に、「押込」は倫理的な行為なのであり、一見したところでは謀叛ではないかと感じられながら、徳川社会の中ではそれが正当行為として認知されていたのです。武士道上の忠義の観念に反しているようでありながら、実はもっとも深い意味で忠義の行動として認識されていたのです。

考えてみれば、「再出勤」という措置はかなり危険な行動のように思われます。「再出勤」に際して、主君は誓詞を認め、先非を悔いて正道に邁進すると誓い、「押込」を行った者に報復的処罰はしないと約束はしていますが、実際にはそれが破られて凄惨な報復が行われているケースが少なくありません。* それ故、「押込」を執行した家臣たちからすれば、「再出勤」などという迂遠なことをせず、そのまま隠居などにもっていった方がはるかに安泰なわけです。

しかし、にもかかわらず「再出勤」の途が粘り強く求められています。それは専制暴虐の主君に対して、御家の滅亡を防ぐために「押込」を発動した。御家のためにという組織の論理の前に、個別の主君に対する忠義をいったん停止した。実際、これを指して「御家に対する忠義」には替えがたくという表現が見られます。御家に対する忠義のために、個別の主君に対する忠義を休止するという論理です。

しかし徳川の侍たちは、やはりそれでは十全ではないと考えた。組織のために個別の主君を没却してしまうのではなく、個別の主君に対する人間的な忠義を回復するよう努めなければならないと考えた。それで大きなリスクを伴う選択となるけれども、敢えて「再出勤」の実現に精力を傾けることになったのです。私はここに徳川社会の武士の真の意味での武士道精神と、その倫理的純粋さを感得するのです。

＊「押込」に対する主君の側からする報復は、切腹や打ち首などにとどまりません。元禄年間に越前国丸岡藩で発生した報復事例では、「押込」を執行した家臣を地下牢に投獄したうえで、これを餓死させるということがありました。この事件では家臣たちがパニックに陥って脱藩が相次ぎ、遂には天下を震撼させる騒動に発展し、丸岡藩は元禄八（一六九五）年、

幕府によって取り潰しの処分を受けています。

†「死」の肯定という誤解

話を『葉隠』に戻しましょう。『葉隠』が絶対服従の武士道でなくて「諫言の武士道」であることは、ここまで述べてきたとおりです。ところが『葉隠』をめぐっては、もう一つ、そして決定的な誤解があります。それは同書をもって「死の武士道」を代表するものという誤解です。

同書に記されている、有名な「武士道といふは死ぬことと見つけたり」というフレーズに基づくものです。この言葉について考えてみましょう。片言隻句だけで解釈すれば、まさに「死ぬことが武士の本分」となってしまいますが、そのような浅い意味ではないことは、『葉隠』をきちんと読めば自ずからわかることです。これに続くのは、このような記述です。

> 毎朝毎夕、改めては死に〳〵、常住死身になりて居る時は、武道に自由を得、一生越《おち》度《ど》なく、家職を仕《し》果《おお》すべきなり（「聞書」第一）

毎日、朝も夕にも「死」を念じて、いつも自分が死んだ体であると思い徹するならば、武士の道は「自由」を得ることができる。それは「生」に対する未練、執着から解き放たれるからである。そしてこのような自由の境地に至ったならば、もはや死を恐れることもなく、主君の顔色をうかがうことも、周囲の声に右顧左眄《うこさべん》することもなく、一生涯にわたってミスや失態もなく、武士としての職分をまっとうできるであろう、という意味でしょう。

つまり『葉隠』の武士道とは、死ぬことが目的でもなければ、死が武士の究極のありようでもないのです。いかにすれば武士として理想的な「生」が得られるかが追究されているのです。これは「死」ではなく「生」の教えなのです。死ぬ覚悟を徹底すれば、生死を超越した自由の境地に至るということです。それは、おそらく禅仏教的な観念でしょう。自由とは、死への恐れに打ち克ち、日常的な生への未練を断ち切って、自然体で振る舞えるような境地に到達するの謂《いい》であり、武士としての理想的な「生」はいかにすれば獲得できるかということを『葉隠』は本質的な課題として追究していたということでしょう。『葉隠』の文章を忠実に読むならば、同書が死を肯定するものと見なす論調は、まったくの的外れと言わざるを得ません。ところが、『葉隠』への誤解・曲解は、不幸なことに武士がいなくなってから都合よく利用されてきました。太平洋戦争の頃には、「死ぬことと見つけたり」というフレーズだけが一人歩きし、「お国のために死ぬこと」が忠義であるという価値観がまことしやかに喧伝されました。

戦後になっても、昭和四五（一九七〇）年には作家の三島由紀夫が自衛隊市ヶ谷駐屯地で割腹自決するというショッキングな事件がありました。三島は自著『葉隠入門』の中で「生きる力を与えられる最大の理由を見いだした」と書いていますが、最後にはクーデターに立ち上がろうとしない自衛官たちに向かって「それでも武士か！」と叫びながら、自らの死を選択しました。この一件で、『葉隠』には〝死の武士道〟というイメージが持たれてしまいましたが、それは同書に対する曲解であるということは強調しておかなければなりません。

†『葉隠』は今日に通用する書物

『葉隠』の誤解・曲解の一因が、口述した山本常朝その人の性格にもあることは否めません。彼のものの言い方が挑戦的にして逆説的であり、その口吻の一言一句が忠実に文字に移されたことで、『葉隠』は必要以上に、ファナティックで危険なニュアンスを含むものになってしまったと感じるのです。つまり口述筆記ではなく、山本自身が書き著わしたなら、もう少し別の表現になったのではないかなと思います。

しかし、全体としてのロジックは真っ当であり、しかも極めて建設的なことを述べているのが『葉隠』の特徴でもあります。決して戦国時代の生き残りの老人の戯言《たわごと》などといったものではありません。彼の言わんとするのは、平和な時代に武士がいかに理想的な生を得るかということであり、そしてまた、その義務をいかに果たすかということに力点が置かれているのです。前述の諫言の議論と合わせみるならば、死をも恐れずに諫言せよという教えの先には、「国家を治める」という大きな目標が見据えられているのです。その大局観は、今日から見ても十分に受容可能な内容であると私は思います。

今日、「諫言」という言葉もほとんど死語になりましたが、この精神があればもっともっと風通しのいい世の中になるのではないでしょうか。たとえば、組織内で不正や談合が行われているときに、「いや、それはならん」という声を上げる気概を持った人材と、そういうことが言える空気のある組織がつくられていけば、社会はもっと活力あるものになるはずです。組織不正や談合が、やりにくくなる社会が形成されるはずです。

徳川の社会では、家臣が主君に対して「諫言を申上げたく思います」と威儀を正して告げると、主君の方は「先ず以て聞こう」と応じて、家臣の諫言の逐一を聞き届けるのが主君たる者の嗜みとされていました。もちろん、諫言の内容が理不尽で的外れのこともあるでしょうから、主君の側も諫言の内容に縛られる必要はありません。しかしこれを聞きもせず、「余計な物言い無用」と言って退けるような態度は主君としての資格喪失と見なされていたのです。その限りにおいて、意思疎通がシステム化されていた社会であり、今日の社会などよりレベルの高さを感じさせるものでした。

主君や上司の顔色をうかがって、それに迎合することはむしろ不忠義であると『葉隠』でははっきり述べられています。主君の行動に誤まりのあることが分かっていながら、これに無批判に、唯々諾々と従うという態度は、『葉隠』の最も嫌悪するところでした。下手に諫言を呈して主君の機嫌をそこねることを恐れ、「そのうちに御気性も改められることであろう。それを待とう」などと考えるのは、畢竟、自分の保身を第一にしているに他ならず、御家にとっても主君にとっても憎むべき不忠者であると断じています。主君や上司に誤っている行動があると見たときには、きっかけをはずさず即座に異議を申し立て、諫言を呈すべきである、それこそが真に武士道に言うところの忠義の振舞いである、と。

『葉隠』の求めるレベルはかなり高く、現代のわれわれからすると少しつらいものがあるかも知れません。その通り実践するには無理があるかも知れませんが、そのような心構えを持っていることは大切なことではないかと思います。

そして、『葉隠』のもう一つ重要なテーマが「自由」ということでした。その教えは〝死の武士道〟どころか、〝自由の武士道〟であると私は思っています。ここでの自由とは現代の freedom ではなく、禅的な意味での「自由」ということですが、仏教や禅には「自由自在」という言葉があります。いかなる制約、あらゆる執着といったことから完全に解き放たれ、何物にもとらわれない境地に至ることによって、理想的な「生」が得られるというのが『葉隠』の武士道なのです。

そのような精神は、世間のしがらみに囚われることの余りに多い現代社会に生きるわれわれにこそ必要なのかもしれません。『葉隠』は決して国家主義でも危険思想でもなく、今日の社会においても十分に通用するだけの内容を持った書物であるということを強調したく思います。

†生き延びるための思想

『葉隠』は死を肯定する武士道書ではないと述べましたが、さらに言えば、武士道は「生きる」ことに対しての執着心も肯定しています。ある意味で、サバイバルの思想が強烈にあるということも理解しておくべきです。

たとえば、果たし合いをして勝った武士を考えてみます。相手を斬り殺したのですから、徳川時代でもこれは殺人罪になります。時代劇であれば、殺された側の遺族から親の敵として追いかけられる悪役になるわけです。

ところが武士道においては、勝った武士に生き延びる権利を認めています。相手側の遺族から追い詰められて、いよいよ逃げ切れなくなったときには、近辺の武家屋敷に駆け込んで庇護を求めることができました。そして、駆け込まれた屋敷の武士は、これを匿わなければならないという制約が生じます。

具体例としては、元禄一四（一七〇一）年に起きた「伊勢亀山の仇討ち」という、歌舞伎（『霊験亀山鉾』）にもなっている有名な事件があります。石井半蔵・源蔵という兄弟が幼い頃に赤堀源五右衛門という侍に父親を殺されました。原因は、両者の間で槍の腕を競い合っているうちに遺恨が生じてこの仕儀に至ったということでした。典型的な「喧嘩」による討ち果たしでした。そのとき石井の二人の兄弟には三之丞《さんのじょう》という兄がいて、兄は一人で仇討ちを試みますが、逆に赤堀に殺されてしまいました。返《かえ》り討ちというやつです。

大人になった半蔵・源蔵兄弟は、父と兄を殺した憎き赤堀をいよいよ討ち果たさんとします。ところが、そのとき赤堀は、なんと伊勢の亀山城の中に匿われていたのです。

いまの感覚で見れば、なぜそんな悪漢を伊勢亀山藩の殿様が匿ったりするのかと、不思議に思われるかもしれません。しかし、「悪漢」というのは芝居の中における設定です。むしろ当時の武士の社会における観念からすると、赤堀は決闘の勝利者であり、さらには彼をつけ狙う敵をも退けて二度目の勝利をを収めた飛び切りの「勇士」なのでした。したがって、赤堀を亀山公が匿うのは何の不思議もないのです。私も最初は、なぜ仇と狙われているようなややこしい人間を殿様が匿ったりするのだろうかと訝しく思いましたが、勇士がピンチに陥っている時に、庇護の手をさしのべるのは名誉の行いであるという観念が武士道にはあるのです。

この武士道的な慣習を、私は「武家屋敷駈込慣行」と名付けて一九八〇年に公表しましたが（「近世武家屋敷駈込慣行」『史料館研究紀要』一二号〔一九八〇年九月〕）、じつは同じような民俗慣行は世界中に見られます。そこへ飛び込めば世俗との関係が断ち切られるという特別な場所は「アジール」と呼ばれ、これはアジトの語源です。現在でも、大使館特権というかたちで機能していて、亡命しようとする者が他国の大使館に保護を求めて駈け込むケースはしばしば起こることです。

とはいえ、武家屋敷への駈込みはあくまでも「慣行」ですから、人を殺した者を匿うのは「法」に反します。幕府や諸藩の法令では、この慣行を禁止しているのです。そこで、匿いきれなくなったときには屋敷から出て行ってもらうのですが、その際も保護の侍を同行させます。もしも殺された相手の遺族が仇討ちを申し出たときは、正々堂々と対決をさせ、当事者間で決着をつけさせました。

その場合、時代劇などでは遺族が仇討ちを果たし、めでたしめでたしとなることが多いわけですが、現実には、あの石井兄弟の兄がそうであったように。遺族の側の人間が返り討ちにあうことも珍しくありませんでした。そうなると、返り討ちにした武士は見事に生き延びた勇者として名誉を得るのです。

この話は、おもしろいことに日本人よりも欧米人のほうがすんなり理解してくれます。仇討ち物語に慣れている日本人は、どうしても遺族の立場で善悪を考えてしまいます。仇を追う遺族の側が善玉で、追われる側は常に悪玉なのです。ですから、仇討ちをしようとする人間を返り討ちにして逃げ延びる者が勇者であるなどとは、到底受け入れがたいという感覚になるのです。芝居では、仇討ちを試みる遺族を悪玉が返り討ちにするシーンは、この上なく卑劣で残酷な形で表現され、悪玉の憎々しげな表情がいっそう強調されるのです。しかしながら、これをアメリカ映画の西部劇にたとえると、最初の果たし合いと、その後の構図がまったく違って見えてくるはずです。

西部劇の決闘シーンで勝ったガンマンは、ヒーローです。日本の仇討ち物語は、いわばヒーローのその後の話ということになるでしょう。追ってくる遺族は、復讐を企てる悪役の身内の悪漢どもということになります。それを再びやっつければ、ヒーローのガンマンは観客から拍手喝采を浴びます。彼を悪玉の権化《ごんげ》と見なす人はひとりもいないでしょう。それと同じ価値観が武士道にはあり、生き延びた勝者は称賛されたということです。

困難な状況に至ったら、潔く切腹するのが武士の生き様のようなイメージが持たれているかもしれませんが、むしろ困難を何としても切り抜けて、どこまでも生き延びようとする力を発揮する武士のあり方こそ、武士道では理想と考えられていたのです。

第6章

持続的平和の時代の武士道——信義と仇討ち

†徳義論的武士道

徳川時代になって、平和とともに武士道の概念が勇猛果敢から内面的な徳義へと変容しました。その新たな概念は、武士たちの間にどのように浸透・定着していったのでしょうか。

徳義論的武士道の中でも、とくに強調されているのは約束の遵守、あるいは信頼・信用という要素です。俗に「武士に二言なし」という言葉によって表現されるように、いろいろな武士道書を見ていると、この部分がことさら重視されていることに気がつきます。

前述した『可笑記』の中にも、「武士道の吟味と云は、嘘をつかず、軽薄をせず、佞人ならず、表裏を言はず——」とありましたが、このうちの第一と第四は「偽ってはならない」ということです。さまざまな徳義の要素がある中の第一に「嘘をつかない」ということが挙げられているのです。

主君に対する忠義という言葉は、ずいぶん後のほうに書かれています。それよりも前に「嘘をつかない」「表裏を言わない」ということが記されていることは、「信頼・信用」という問題のほうにより高い価値が置かれていると読み取ることができます。

さらに、『葉隠』の中にも、「武士に二言なし」という価値観を強烈に印象付ける記述があります。

侍の一言、金鉄より堅く候。自身決定の上は、仏神も及ばれまじ（第一）

通常、大事な約束を交わすときには起請文というものを書きました。いまで言う誓約書で、紀州の熊野三社が木版刷りで八咫烏《やたがらす》をデザイン化した御札である熊野の牛王符《ごおうふ》などを用いて、その御札の裏側に誓約文言を書くのが習慣になっていました。これには、もしも約束を反故にしたときは仏神の罰を受けるという意味があります。

しかし『葉隠』には、侍の言葉は金鉄よりも堅いのであるから、いちいち「仏様や神様に懸けて」などと言う必要はないと記されています。

武士の社会には、約束をするときに刀を鳴らす金打《きんちょう》という風習があります。大小の鍔《つば》を合わせる場合もありますが、本来的には両刀を抜いて峰打ちをするのが元々のかたちです。これを簡略化したのが　刀を縦にした状態で、刀身を少しだけ抜いてから鞘に戻して音を鳴らす仕種で、時代劇などにもときどき出てくるシーンです。たとえば新撰組の隊士が刀を縦に立てて、少しだけ抜いてからストンと鞘に収めて音を鳴らすようなシーンをよく見受けますが、あれも金打の表現の一つです。

この金打によって、「約束は命に懸けても守る」という意思表示になります。もしも守れなかったときは腹を切って命を落とすか、侍をやめるという覚悟の表明です。このような風習が生まれたことは、新しい武士道観の中で約束を守るということが重視された証でもあると考えていいでしょう。

†なぜ「信用」が重視されたか

では、なぜ武士の社会で約束を守ることがことさら強調されるようになったのでしょうか。私は戦場における槍働きの代替物として、約束を守ることが重視されるようになったのではないかと推測しています。

武士としての優秀さを見極める基準として戦場での槍働きは、非常に分かりやすいものでした。衆人環視の中で繰り広げられる勇猛果敢な戦いの成果は一目瞭然です。しかし、戦争がなくなり、外面的な武勇ではなく内面的な徳義が評価基準になると、武士の能力は判定しにくくなります。軽薄をしないとか、佞人《ねいじん》（おべっか遣い）であってはならないといった指針はあっても、そのような内面的な徳義に関する部分は白か黒かを判定するのが難しいものです。一見すれば忠義に見える行いも、見方を変えれば媚びへつらいに受け取られたりもするからです。

その点、約束を守るか守らないかは非常に明快です。「〇日後にどこそこに来る」「〇月〇日までに借金を返す」といった約束は、内面の如何や状況を問わずに「できたか」「できないか」という判定に紛れが生じません。そこに武士は、自分たちの評価と存在性とを表現しようとしたのではないか。そして、金打という表現で縛りをかけることによって、約諾の遵守をルール化したところも、非常に武士らしいやり方ではなかったかと思うのです。

詳しくは後述しますが、武士の社会における約諾の遵守、言い換えれば「信用」の重視が、商人の社会にも大きな影響を及ぼすことになります。さらに言えば、後々の日本の社会と、日本人の心のあり方にもつながってくるのです。このことは、現代の日本のビジネスの世界においては、「信用」が非常に大きな役割を果たしていますが、その原点が武士道の教えの中に認められる点を見逃してはなりません。

†高度にシステム化された仇討ち

二〇〇年以上にわたる平和が続いた徳川時代は、成熟した社会がもたらされた時代と言ってもいいでしょう。武士たちが大量に行財政職の分野に進出したことは、法制度の基盤が整備されることにもなり、そのことも約諾の遵守の徹底につながったと考えられます。法はどのように機能していたのか。たとえば果たし合いは、法的にはアウトです。喧嘩両成敗法もあるように、喧嘩そのものがよくないことであって、刀で決着をつけるのは違法行為でした。ですから、果たし合いの勝者は名誉ではあっても、死罪に相当しました。

ところが、ここにおもしろい観念があります。仮にAがBを斬り殺したという厳然たる事実があったとします。その場合、役人が最初に詮議するのは、「この殺人が喧嘩なのかどうか」ということです。

喧嘩ではない殺人とは、政治的な意図での暗殺であったり、強盗殺人のようなケースのことです。これは、なにがしかの利益を目的とした悪逆行為であり、この場合は幕府や藩の役人が殺人者を追跡します。

一方、喧嘩というのは「遺恨」に基づくものと見なされました。恥辱を与えられたり、なんらかの名誉にかかわる損害を被ったことへの報復や反撃が喧嘩であり、遺恨を晴らすことです。その殺害事件が、遺恨をめぐる果たし合いの結果であると認定されると、これは当事者間で解決すべき問題とされ、仇討ちの対象になりました。

果たし合いの勝者には生き延びる権利があると前に述べましたが、敗者の遺族にも報復の権利が認められるわけです。ここに武士道の極めてユニークな特徴があります。仇討ちもまた武士にとっては、当然にも称賛すべきことです。それ故、遺恨による果たし合いの場合は、相手を討ち果たしたのち逃亡していく侍の立場も、殺された侍の仇を討とうと追跡する親族の立場も、両方が等価で肯定されるのです。

昔も今もですが、日本人はこのような対立的な場面を目にすると、とかく善玉―悪玉という二分法的な振り分けに陥りがちです。これは芝居やドラマの描き方にも影響されてのことでしょうが、しかしそれ故にこそ、右に見たような双方の立場を同等に尊重する武士道の複眼的な思考、価値観というものは大切であり、もっと評価されて然るべきではないかと思います。

†仇討ちの法的手続き

法で認められる仇討ちには、相応の手続きも必要になります。仇討ちをする者は奉行所や藩庁に事前に登録をしておきます。これを帳付けといいます。

たとえば、敵である果たし合いの勝者が、どんどん遠くへ逃げたとします。勝者が追っ手から逃げるのは生き延びるためであり、卑怯な行為ではありません。そして「江戸の仇を長崎で」という諺のとおり、仇が江戸から長崎あたりまで逃げるようなことも実際にありました。その仇を追う遺族が、長崎まで追いかけて、ようやく仇討ちを果たしたとします。しかし、これを取り調べる長崎の役人には、それが本人が申し立てているとおり仇討ちなのか、仇討ちと偽った単なる殺人なのかは判定できない。そこで江戸の町奉行所に帳付けを確認し、登録が確認されれば、遺族は殺人者に間違われることなく仇討ちの本懐を遂げたということになるわけです。

これだけ詳細な手続きの仕組みが、徳川時代にはできていました。

†伊賀・鍵屋の辻の決闘

仇討ちにも作法がありました。路上で仇を発見したら、その場で決闘が始まることもありましたが、所在を突き止めておいて、後日、公然と決着をつけることも珍しくありませんでした。

その場合は、たとえば土地の領主に話をつけて、日時と場所を仇に通達します。また、鎖帷子《くさりかたびら》の着用は禁止とか、助太刀は何人まで認めるといったルールが設定されることもありました。決闘場には竹矢来が組まれ、見物人が大勢見守る中で正々堂々と決闘が行われたのです。

日本には三大仇討ちと呼ばれる事件があります。曾我兄弟の仇討ち、赤穂浪士の討入り、そして荒木又右衛門が活躍する「伊賀・鍵屋の辻の決闘」です。

鍵屋の辻の決闘には、前述した武家屋敷駈込慣行が関わっています。岡山藩池田家に河合又五郎と渡辺源太夫という家臣がいて、両者の間で遺恨があった。岡山藩の江戸屋敷内で渡辺を斬り殺した河合は、隣にある安藤という旗本屋敷に逃げ込みます。それが一種の駈込みであり、安藤家は河合を匿うのです。

これに怒ったのが池田の殿様でした。「河合は不届き者だから引き渡してもらいたい」と申し出ますが、安藤のほうは「駈け込み者を助けるのは武士の道理である」と拒否する。そして、大名の池田家と、旗本の安藤家とが隣同士でにらみ合いの状態になります。

これが発端となり、周囲の大名や旗本たちが騒ぎ出します。かねてから大名と、幕府直参である旗本とはどちらが格上かをめぐって張り合っていたこともあって、大名たちは池田家に集まり、旗本たちは安藤家に馳せ参じてきます。まさに総大名と総旗本の対決という様相を呈することになるのです。

この一大事に幕府も介入せざるを得なくなり、幕府はかねてより殺害人の隠匿を法令で

図⑧　「伊賀越道中双六／十一」「鍵屋の辻に政右衛門両刀を振て敵の助太刀を鏖《みなごろし》になす図」（早稲田大学演劇博物館蔵）

禁止していたことから、安藤家に対して、「河合の身柄の引き渡しはしなくていいから、とにかく屋敷から追い出せ」と命じます。そこで安藤側では、護衛の侍をつけて河合を屋敷から出し、東海道を西へと向かわせます。これはその道中で渡辺の親族に仇討ちの機会を与えることを意味し、そこでの決闘で決着をつけるという問題解決法です。もちろん、返り討ちもありうる、ということです。

　ところが、渡辺の親族である数馬は、剣術の腕が未熟でした。一対一では河合に到底太刀打ちできない。そのうえ、河合には護衛の侍も付いている。そこで数馬は、姉の婿であり姫路藩の家臣だった荒木又右衛門に助太刀を頼み、二人で河合を追いかける旅に出るのです。そして伊賀の鍵屋の辻で見事に仇討ちを果たすという展開になります。江戸から延々と追いかけ、最終的に伊賀まで行く道中は、東海道を旅しますから、今日は熱海だ、次は沼津だ、岡崎だと、ちょうど双六《すごろく》をやっているような話になります。これが後に人形浄瑠璃（文楽）で『伊賀越道中双六《いがごえどうちゅうすごろく》』という作品に仕立てられました。仇討ちは、当時の武士の有り様を大衆に知らしめる恰好の題材でもあったのです。

†嘘や卑怯も時として許される

決着をつけるときは正々堂々と戦うのが武士の慣習でもありました。しかし、仇討ちに限っては例外もあったことを述べておきましょう。

親の仇を討つという所業は、武士として最高の殊勲とされました。であるがゆえに、いかなる手段を使っても成就されるべきであるという考え方もありました。たとえば、仇が腕の立つ屈強な侍で、仇討ちをするのが娘や子どもである場合もあります。当事者同士で正々堂々と渡りあっても、万に一つも勝ち目はない。そういうときには荒木又右衛門のような助太刀が認められるわけですし、もっと卑怯な手を使うことも、仇討ちという大義の元では許されることがありました。

正々堂々の戦いと言っても、杓子定規に考えることばかりが求められたわけではないのです。なんでもかんでも馬鹿正直に対処することを「宋襄《そうじょう》の仁《じん》」と呼びました。これは中国の諺です。その昔、宋の国に襄という王様がいて、上に馬鹿がつくくらい正直だった。敵との約束事をきちんと守っているうちに、まんまと敵に欺かれ、城下を囲まれて滅んでしまったという故事に由来します。

ですから、ただ約束を守ればいいということではなく、物事の裏を読む心得も武士には必要とされました。と同時に、ときには敵の裏をかく策略も使うべきであるという考え方が出てくるわけです。謀略・調略はどこまでが卑怯であり、どこからが卑怯でないかという線引きがなかなか難しくなってきますが、このままでは自分の身が危うかったり、お家を守るという目的であるならば、嘘もやむなしとされました。武士の世界では、これらの調略は武略と呼ばれました。

これらの調略が許されることの根拠には、仏教があります。最も有名なのは法華経の譬《ひ》喩品《ゆほん》という経典に出てくる話です。「火宅の人」という言葉を聞いたことがある人は多いのではないでしょうか。檀一雄氏が同名の小説を書いていますが、これは仏教の話です。

この世は、煩悩と欲望という名の業火がぼうぼうと燃えさかっている破滅の巷です。われわれは火に包まれた家の中にいるのです。ところが、まったく危機を感じないで、まるで子どものように無邪気に赤い赤いと喜んでいる。

その火宅からいかに抜け出すかということが仏教に言う悟りであるわけですが、煩悩にとらわれた人間はそこに気づかない。それを教え諭すために、「おもちゃをあげるから出ておいで」と言って、外に引っ張り出すのです。こうして火宅から人間を救い出し、解脱の道へと導くのが仏の教えだという話ですが、これは嘘を言って騙していることです。ただし、仏の教えではこれを嘘とは言わずに「方便」と言います。ここから「嘘も方便」という諺が生まれたわけです。

僧侶の嘘は方便と言い、武士の嘘は武略と呼ばれます。仏教においても人を正しい道へと導くためには嘘も使われるのですから、武士の社会でも嘘もときとして許されるという考え方があるのです。

馬鹿正直に相手を信じこんで、まったく油断している間に根こそぎ持っていかれてしまうというのは、そもそも騙された側が愚かであると見なされます。仮に交戦相手と講和条件を結んだにしても、常にそれは裏切られる可能性があるということを心得て対処せねばならない、というのが武士の根本の考え方ということになります。

嘘をつかないということに何よりも重きを置きながら、一方では騙された場合を想定して行動しなければならないという二面性を併せ持つというところもまた、前述の複眼的思考法に通底しており、これらは武士道の興味深い特徴といっていいでしょう。

第7章

国民文化としての武士道――庶民への浸透

武士の社会における規範となった「武士道」の考え方は、次第に一般庶民の間にも広がっていきます。その大きな役割を果たすことになったのが、前述した『可笑記』と言ってもいいでしょう。

作者が元武士であり、「武士道」という言葉が十数回にわたって出てくるにもかかわらず、『可笑記』は仮名文字で書かれた、一般庶民向けの本でした。しかも、武士の立派さを誇るのではなく、半ば自虐的に武士の「笑うべき姿」を提示していることも、長きにわたって多くの庶民たちに読み継がれる要因になったように思われます。

武士道というのは、全人口の一割にも満たない武士階層の間で語られていたことで、当時の一般庶民には関係のないものだったなどと言われることがよくありますが、それは誤りであったということです。武士道という言葉も、その概念内容も広く一般庶民の間に浸透していたのです。

徳川時代において、庶民の間で武士道という言葉や考え方がどれだけ広まったのか。それを示すよい例があります。その出版されたのが貞享二（一六八五）年、いわゆる元禄時代の始まる頃になりますが、江戸で『古今武士道絵づくし』という名前の通俗武者絵本が出版されています。筆者、あるいは絵師は、浮世絵の元祖といわれる菱川師宣《ひしかわもろのぶ》です。

†江戸に起きた武士道ブーム？

この絵本作品の内容は、言ってみれば他愛のないものです。たとえば、五条の橋の上での牛若丸と弁慶の戦い。義経と静御前の話。壇ノ浦の合戦での義経の活躍。あるいは源頼政の鵺《ぬえ》退治……。極々ありふれた通俗的な武勇譚ばかりで、それが絵に描かれ、仮名による詞書《ことばがき》が添えられているという体裁です。

読みようによっては一〇歳程度の子どもでも十分に楽しめる武者絵本ですが、そのタイトルに堂々と「武士道」という言葉が取り入れられている点に注目すべきです。現在でもそうですが、読者が理解不能な言葉を書籍のタイトルにつけることはないでしょう。表題に求められるのは、誰が見ても一目でわかる言葉です。ということは『古今武士道絵づくし』という絵本の表題は、「武士道」という言葉が当時の一般庶民、場合によっては幼い

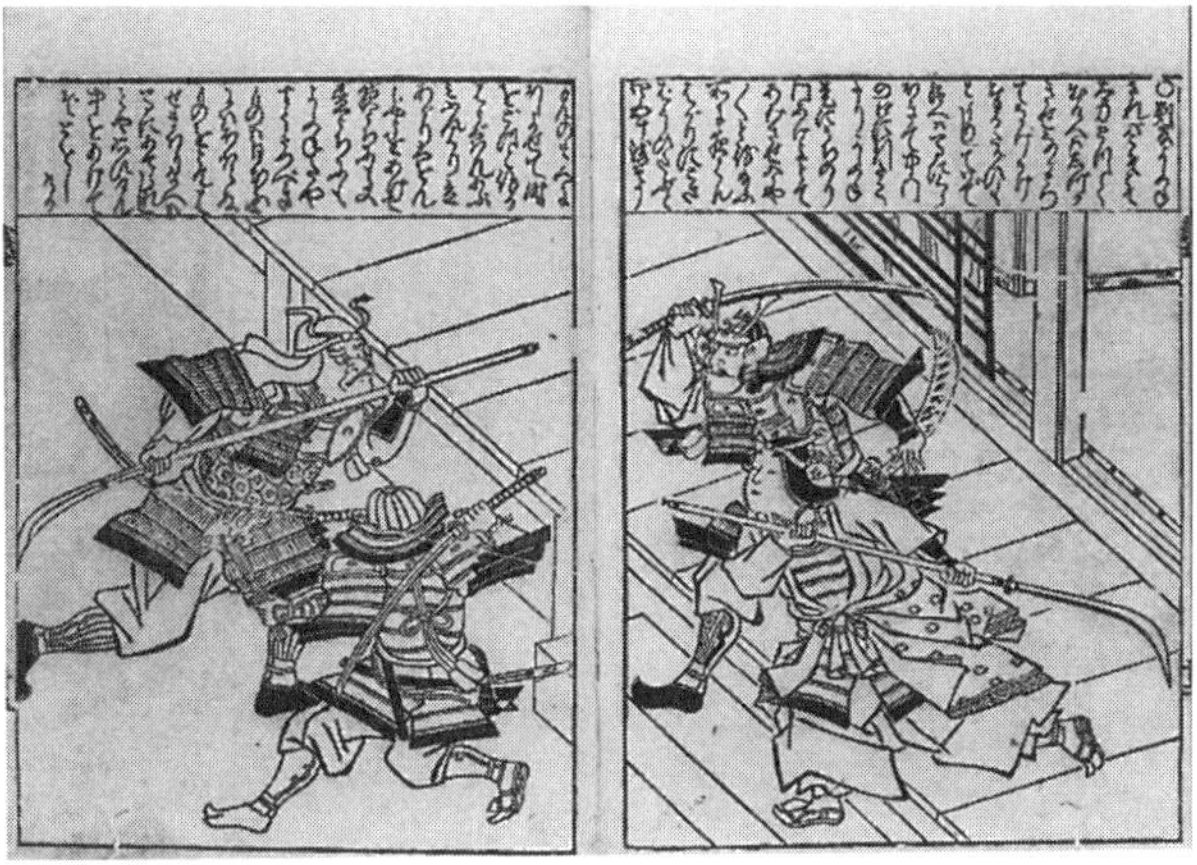

図⑨　『古今武士道絵づくし』大英博物館蔵

子どもですら理解できるほどにポピュラーな言葉であったことを示す証拠になると思うのです。

　つまり、一七世紀の末頃には、「武士道」はほとんど誰でも知っている聞きなれた言葉であり、概念として一般庶民の間に広まっていたということです。さらに言えば、子どもまでも読者の対象となっていたことを考えれば、一種の「武士道ブーム」のようなものがこの時代にはあったと推測できます。

　そういう時代背景の中で、元禄一五（一七〇三）年、かの有名な赤穂浪士の討入り事件が起きました。まさに武士道ブームの頂点の時代に起きた事件だったわけですから、これが世間の喝采を浴びたというのも、いわば当然のことだったと言ってもいいでしょう。

†文学や浄瑠璃に描かれた武士道

徳川時代は草双紙のような文学作品や、歌舞伎・浄瑠璃などの戯曲作品が数多くつくられ、まさに大衆文化が花開いた時期と言えます。それらの作品の中にも、「武士道」という言葉が盛んに使われています。

井原西鶴は、その名も『武道伝来記』（貞享四／一六八七年刊）という作品を書いていますが、これを読むと、「武士の道」（巻四ノ三）、あるいは「武士の正道」（巻二ノ三）という記述が見られます。

また、西鶴が確立した浮世草子の文体をより大衆に広めたとされる江島其磧《えじまきせき》の『世間娘容気《かたぎ》』（享保二／一七一七年刊）には、次のような文章が出てきます。

「果し状を付られ、返事の遅きさへ武士道にはおくれたりと笑ふ事なり」

果し状は決闘の申込状です。送られてきたら、即座に「応じる」という返事をするのが道理ですから、その返信が遅れただけで武士道としては失格であり、笑いものになるという意味です。
近松門左衛門の浄瑠璃『平家《へいけ》女護島《にょごのしま》』（享保四／一七一九年・大坂竹本座初演）にも、こう書かれています。

「小松殿御めがねの宗清、おめおめと見のがして我武士道の立つべきか」

『平家女護島』は僧侶の俊寛の物語です。小松殿というのは平清盛の息子の重盛のことを指しています。重盛に目をかけられた平宗清《たいらのむねきよ》という人物がいるのですが、それをおめおめと逃がしてしまうことがあったならば、私の武士道がどうして立つだろうか、という意味です。宗清は平家方の重要人物ですから、それを逃がしたのでは武士道として恥ずかしい、ということです。
竹本座の浄瑠璃作者である文耕堂《ぶんこうどう》や三好松洛《みよししょうらく》らによる合作『ひらかな盛衰記』（元文四／一七三九年・大坂竹本座初演）にも、主人公の樋口兼光の言として、このような表現があります。

「まだ此上に私が、武士道を立てさせて下されば、生々世々の御厚恩聞分けてたべ」

（逆艪之段）

樋口兼光というのは木曽義仲の四天王の一人です。「生々世々《しょうじょうせぜ》」は仏教用語で、「生きても、死んでも、また生まれ変わっても」ということで、「永遠に」という意味ですから、この上さらに私に武士道を立てるような機会を与えていただけるならば、永遠の御厚恩と感じます、という気持ちを伝えているのです。

さらに、前に紹介した『伊賀越道中双六』の作者である近松半二の作とされる浄瑠璃『鎌倉三代記』（天明元／一七八一年・江戸肥前座初演）にも、注目すべき表現があります。

「一身五骸《いっしんごたい》。ずだずだに成まで切て切死。謀《はかりごと》の先途《せんず》を見ず、相果るも武士道の意路《いじ》」

一身五骸とは体を強調した表現で、この体がズタズタに斬られ、計略の行方も見ないままに、ここで奮戦して討ち死にしていくのも、武士道を貫こうとする信念からのことである、という意味になるでしょうか。

このように、「武士道」という言葉が文学作品や浄瑠璃の中に使われている例は、枚挙にいとまがありません。

†「武士道」という言葉の浸透

『鎌倉三代記』は鎌倉時代の設定ですが、その内容は、じつは大坂夏の陣の家康と秀頼との戦いが描かれています。これは第三章で述べた『盛綱陣屋』を含む『近江源氏先陣館』の姉妹作品で、徳川家康は北条時政、真田幸村は佐々木高綱、豊臣秀頼は源頼家に置き換えられるという、非常に手の込んだ作品なのです。

右に挙げた文楽・歌舞伎の演目は、今日まで上演が繰り返されてきた人気作ですから、そこで語られていた「武士道」という言葉の響きも、人々の耳底に印象深く沈潜してきたに違いありません。そしてそれ故に、文楽・歌舞伎の世界の中だけでなく、日常的なものの言い方としても「武士道」という言葉が徳川時代の社会においてはごく自然に言い交わされるようになったと考えられます。

これに付随して、明治三三（一九〇〇）年に新渡戸稲造が書いた『武士道』という本にまつわるエピソードを紹介しましょう。この書は日本の文化を外国に紹介した名著とされていますが、新渡戸の本の中には『葉隠』の話もなければ、『甲陽軍鑑』の話も出てきません。それでも、彼は「武士道」について語っているのです。では、何を論拠としているのでしょうか。

じつは新聞記者が新渡戸に対して、「どういうところに武士道という言葉は使われているのか」と質問をしたことがありました。そのとき新渡戸は言葉に詰まり、答えることができなかった。苦しまぎれに、「私の造語かもしれない」とまで言っているのです。

もちろん新渡戸の造語であるはずがありません。彼の記憶にあった「武士道」という言葉は、武士の社会の中で用いられていたそれを別とするならば、実は芝居から耳に入ってきたものが大きな影響を及ぼしていたのではないかと思われます。新渡戸の『武士道』を読めばわかることですが、例証として出てくるのはほとんど歌舞伎・文楽作品です。よほど好きだったと見えて、『忠臣蔵』はもちろん、『菅原伝授手習鑑』といった文楽作品や、さまざまな武芸談話が出ている徳川時代の小説の類の中から「忠義」や「犠牲の精神」といったことが例証として挙げられているのです。「武士道」の何たるかは、歌舞伎や文楽を通して無意識のうちに彼の記憶に刻まれていたわけです。

それは、新渡戸に限った話ではなく、徳川時代の多くの庶民にも当てはまることだったでしょう。したがって、武士道が武士の社会だけで通用した観念であり、庶民とは無縁のものだったというのは大きな誤りだと言わざるを得ません。言葉だけでなく概念も含めて、武士道は一般庶民にとってごく自然なものであったのです。

†「意地」という日本的概念

さて、歌舞伎や文楽に出てくるのは戦場における勇ましいタイプの武士道ということになりますが、『鎌倉三代記』の引用部の最後にある「意路」という言葉に注目してほしいと思います。これは「意地」を指しています。

前に武士道書である『諸家評定』を解説した際に、「意地」というのが重要な概念であると述べましたが、それが『鎌倉三代記』の中でも表現されていることも見逃せません。「意地」というのは含蓄に富む言葉で、日本人の精神を考えるうえで決して見落せない概念です。日本在来の言葉であり、中国流の儒学で教えられる言葉、たとえば「仁義」や「徳」などとは、なかなかフィットしない独特の響きを持っています。

非常に説明しづらい概念ですが、われわれ日本人は「意地」という言葉を聞けば、明確な説明はできないまでも、なんとなく意味や意図は理解できるのではないでしょうか。たとえば新聞のスポーツ欄に、「阪神タイガースが（「巨人」でもいいのですが）最後に意地を見せた！」などと出ていれば、何の疑問も抱かずに記事の意図が読み取れるはずです。

これは映画の話ですが、映画評論家の佐藤忠男氏に『忠臣蔵―意地の系譜』という本があります。赤穂浪士の仇討ちも含めて、日本の映画では意地という概念が重要なテーマになっていることが考察されており、私も読んだときは非常に優れた着眼点だと感じました。

現在でも、日常会話で「意地」という言葉はよく使われます。「意地っ張り」というと行き過ぎたネガティブな使い方になりますが、通常は「先輩としての意地」「意地でもやり遂げる」というように、ポジティブな意味で使われます。「意地悪」「意地がない」といった表現も、意地が元来ポジティブであることを前提にして使われています。

試みに、英語では「意地」をどう訳すのか調べてみると、辞書には、"pride" "fighting spirit" "guts" "willpower" などと出てきます。しかし、どの単語も「意地」の意味を十分に表現しきれてはいません。外国語に訳しづらいからこそ、「意地」という言葉の固有性を感じ、武士道を考えるうえで非常に重要なキーワードだと私はとらえているわけです。

意地に近い日本語としては、「気概」があります。「信念」も近いかもしれません。しかし、意地にはもうちょっと泥臭く、ふくらみがあり、理屈では説明しがたいエモーショナルな強さというものを感じます。その点も、武士道を理解する上で重要な点です。すなわち、理屈で理解するのではなく、感情や感覚で受けとめるような教えであるということで、そこが武士道のある種の魅力でもあると思うのです。

†江戸後期に庶民の仇討ちや決闘が増えた理由

前章で、仇討ちの話をしましたが、仇討ち研究の事例を調べてみると、幕末に向かうにしたがって件数が増えていることがわかります。有力武将同士の領地を争う武力衝突がなくなり、平和になった徳川時代において、なぜ仇討ちが増えたのでしょうか。じつは、武士ではなく庶民による仇討ちが増えたからなのです。この現象は、武士道の精神が庶民の間に広く浸透していたことを裏付ける重要な証左となります。

では、庶民はどうやって仇討ちを行ったのか。刀という武器は武士だけが持つものというイメージがあるかも知れませんが、徳川時代は一般庶民も脇差《わきざし》という寸法の短い刀を持つ権利がありました。

天正一六（一五八八）年の秀吉の刀狩令によって、一般庶民は武装権や武力権を取り上げられたという印象があります。しかしそれは一時的なことで、実際には庶民も武器を所持していたのです。たとえば一八世紀頃までは、土地争いや水争いが原因で、村同士が決闘をした記録も残っています。その詳細を調べてみると、棒きれなどで戦うのではなく、脇差しや、ときには鎖帷子《くさりかたびら》まで持ち出してきて、武士が顔負けするような激しい戦闘を繰り広げていたことがわかります。

近世になって、庶民の武装権がだんだんと制限されていったのは事実ですが、だからといって庶民がまったく武器を所持していなかったわけではないのです。

日本刀の種類

◉大太刀《おおたち》（野太刀）…刀身が3尺（約90cm）以上

◉太刀《たち》…刀身が2尺（約60cm）以上3尺未満

◉大脇差…刀身が1尺8寸（54.5cm）以上2尺未満

◉中脇差…刀身が1尺3寸（約40cm）以上1尺8寸未満

◉小脇差…刀身が1尺（約30cm）以上1尺3寸未満

図⑩　江戸時代、武士は袴を着用した際には、太刀に脇差を添えて大小《だいしょう》拵《ごしらえ》を用いるスタイルが一般的だった。庶民でも持つことのできた脇差は、大きさに応じて３種類に分類される。

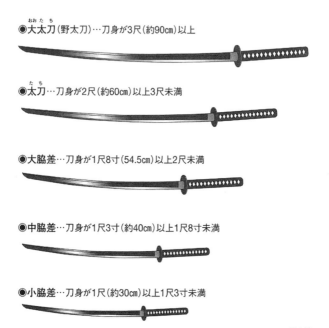

†庶民の帯刀事情

武士は大刀と小刀の二本差しです。これに対して、一般庶民は五〇センチ程度の脇差を腰に帯します。近世初頭に描かれた絵を見ると、脇差を帯した町人の姿が意外に多いことがわかります。元禄時代の頃より前までは、一般庶民も往来を歩くときは脇差を帯していたと見たほうがいいでしょう。脇差を帯するのは、護身用としてのことです。その頃はカブキ者と呼ばれる身を持ち崩した無頼の武士たちが、あちらこちらで喧嘩・闘争をくり広げていましたし、また江戸の街でも夜更けになると辻斬りが現れてもいました。それですから、江戸を始めとする城下町に居住する一般庶民にとっても脇差の携行は不可避でもありました。一般庶民が脇差をささず丸腰で行き来するようになるのは、元禄時代以降のことでしょう。社会全体が落ち着いてきて、街の治安も格段によくなってきて、脇差をさす必要もなくなってきたからでした。

しかしそれでもなお、一般庶民が脇差を帯する局面がいくつかありました。その一つは「道中脇差」と呼ばれるもので、一般庶民が伊勢参りなどの長期の旅に出かけるときには脇差を帯するのが普通でした。もちろん、道中で遭遇するかも知れない追いはぎや盗賊から身を護るためのものです。

それ以外で一般庶民が脇差を帯するのは、冠婚葬祭や神社仏閣の祭礼といったハレの日の正装としてでした。これは町場だけでなく、農村部まで含めて広く見られた風習でした。元禄の頃から、普通の日常生活の中では一般庶民は丸腰で過ごすようになりました。そのため武士の二本差しが目立つようになり、刀を持つのは武士の特権のようなイメージが持たれるようになったのです。しかしながら普段は持ち歩かなくても、多くの庶民は脇差の一つぐらいは所持していたのです。したがって、庶民が脇差を武器にすることは、法律的な問題もなく、不思議なことではありませんでした。

庶民の間で殺人事件が起こった場合も、役人が取り調べ、武士と同様に原因が「喧嘩か否か」が詮議されました。そして、喧嘩の沙汰であると判明したときは、これも武士と同じように、殺された側の息子なり親族が仇討ちをすることが認められたのです。そこに武士と庶民との差別はありませんから、仇討ちのために庶民が武力を行使する権利も否定はされていませんでした。

徳川時代の後期になるにつれて、一般庶民の仇討ちが増加したという傾向は、武士道の精神が国民文化として広く認識され、なおかつ実践されるようになったことを端的に物語っているのです。

第8章　武士の社会と経済倫理――資本主義のさきがけ

†商習慣への影響

約諾の遵守が徳義論的武士道の主眼となったことは、裏を返せば、当時の社会一般の間では、それほど厳格に約束が守られてはいなかったという背景が類推できます。それは多分、どこの世界でも事情は同じでしょう。そこで約束の厳守という態度を強調することによって、武士は武士たることの存在意義を表現しうると感じたのでしょう。一般庶民とは異なって、武士は信義を貫いて必ず約束を守るものだ、そういう価値観が武士の間に醸成され、その点を武士たちがことさら強調するようになると、どうなるでしょうか。

一般庶民にしてみれば、これは面白い話ではないでしょう。とりわけ商人は敏感に反応したに違いありません。そうなると反射的な効果として、「侍だけに、いい顔はさせない。

約束を守り、信義を重んじることは商人も同じだ」という意識が商人の間にも芽生えてくるはずです。それこそ商人の意地というものです。

江戸で成功した近江商人には、もともと「三方よし」という商売の理念がありました。これは「売り手よし、買い手よし、世間よし」という意味で、自分だけが儲かればいいのではなく、買ったお客さんも喜び、なおかつ世の中の暮らしも豊かになるような商いを理想とする、いわば商人の哲学です。自分のエゴイスティックな利益のためではなく、社会の公共的な利益を常に目指すという徳義が商人の間にもあるわけですから、武士が信義・信用を強調すればするほど、反射的に商人たちも、信義・信用をいっそう重んじるようになったと考えられます。

徳川時代の商人たちの経済活動において、どれだけ信用が重視されていたのかは、借用証文に表れています。これは新渡戸稲造も著書の中で指摘していますが、借用証文には不払い時の罰則文言が記されます。「〇月〇日までにお返しします」という約束の後に付される、「もしも約束を守れなかったときは――」という担保文言です。そこには、「満座の中にてお笑いくださるべく候」といった文言が書かれるのが常でした。

公衆の面前で恥をかかされないようにするということが最大の担保になるほど、商人の社会においても信義や名誉は重視されたのです。徳川時代の中頃から商取引における信用の役割が増えて、信用経済があらゆる局面で発達を遂げていたという事実は、今日までの日本の経済発展を考えるうえでも非常に重要な論点をなしていると言えるでしょう。

†経済的な力能《パワー》としての信用

徳川時代における経済的発展の大きな要因の一つに信用経済の発達というものがあります。信用経済の発展は、経済的価値の創造を特徴づけるうえで大きな意味を持っています。もしも徳川時代に信用経済とそのシステムが形成されなければ、その経済力も島国相応の小規模なものに止まっていたことでしょうし、そうなると日本の近代化も甚だ危うかったのではないかと思っています。

徳川時代には商業手形、為替手形、さらには手形割引という概念もすでに登場していました。今日の銀行業務で行われていることが、徳川時代にはほとんど出揃っているのです。証券取引（大坂堂島の米会所における米切手売買）も行われていましたし、今日流の先物取引（堂島米会所における帳合米取引《ちょうあいまい》）を世界で最初に手掛けたのも日本の大坂でした。

今日では明らかになっていることですが、これらの取り引きを行うことによって実際の価値の一〇倍規模の価値を生み出すことができます。米取引を例に解説しましょう。

大坂の堂島には米会所がありました。ドラマなどでは米会所に米俵が積み上げてあるようなシーンが出てきたりしますが、これは事実ではありません。米会所の中で扱われていたのは「米切手」と称する一種の証券です。これは大坂にある諸藩の蔵屋敷が発行するもので、蔵屋敷の蔵米販売において入札で落札した商人に現物米を引き渡す代わりに米切手と称する証書を渡すのです。

いま米卸業者の商人Aが、ある藩の蔵屋敷から米一〇〇〇石を金一〇〇〇両で落札したとしましょう。この時、その蔵屋敷の側は現物米を渡すのではなくて、米一〇〇〇石分の米切手を渡すのです。それも分割して一〇石分の米切手を一〇〇枚といった形で渡すのです。なぜそのようにするかと言うと、米商人Aは落札をしたけれど、いちどに米一〇〇〇石を渡されても、その保管の場所に困ることになります。米一〇〇〇石は、米俵（一俵＝三斗五升）にすると約三〇〇〇俵になります。そこで現物米は藩の蔵屋敷にそのまま預けておき、必要な時に必要な分だけ引き出せるといったやり方のほうが便利だということになって、その預かり証ということから米切手の発行がなされたのです。そして随時の引き出しに便利なように、この落札分一〇〇〇石については、一枚一〇石分の米切手を一〇〇枚という形でもって引き渡したのです。

最初は預かり証にすぎなかった米切手でしたが、それは次第に独自の価値をもつようになって、現物米を引き当てとする証券として市場で売買されるようになっていきます。それも最初は米の卸業者Aが、小売り業者たちに分売するところから始まっています。こちらも現物米を分売するのではなく、米切手の形で分売する方がお互いにとって便利です。

右に述べた例では一枚の米切手は、商人Aが落札した時点では金一〇両に相当したのですが、堂島の米会所にもっていくと金一一両で売却できたとします。これでAは一枚の米切手あたり一両の利得となり、手持ちの一〇〇枚が同様に売却できたとすると、彼は一〇〇両の儲けということになります。これは卸業者としての利得で、ここまでは普通のことと言ってよいでしょう。

問題はその次です。Aから米切手を一枚あたり金一一両で五枚を購入した米商人Bは、本来ならその米切手を発行した藩の蔵屋敷に行って、米切手五枚分の現物米五〇石を引き出せばよいことです。ところが堂島会所における米相場が値上がりを始めて、米切手一枚（米一〇石分）の売買価格が金一二両になったとします。そうするとBは蔵屋敷からの現物米の引き出しを止めて、米商人Cに米切手五枚とも売り渡します。そうするとBはこの転売で金五両の利益を得ることになります。そしてCはDへといった具合に、米相場の変動にともなって売買されていきます。

こうして米切手は蔵屋敷に預けてある現物米の保管証という性格から大きく飛躍して、それ自体が自立的な価値をもった証券として取り引きされ、堂島米会所は証券取引所として発展していくのです。*

＊幕府は享保一六年（一七三一年）二月、初めて堂島米会所に対して米仲買株四四一株を許可し、米方年行司を定めます。さらに翌一七年四月に五二一株、同二〇年七月に三五一株を許可し、合計一三一三株としています。この株を保有する米商人たちの間で米切手取引がなされていたのであり、その規模の大きさが知られるでしょう。

†複雑化する取引

まだこれだけなら単純な話ですが、だんだん複雑な仕組みになっていきます。米会所では証券としての米切手の売買が行われていたと申しました。それでは、落札はされたれども藩の蔵屋敷に預け置かれた現物米はどうなるのでしょうか。米商人たちも米会所で米切手の売買を行って利益をあげていますが、米商人の本業は現物米を客に売ることにありますから、実際の米需要に応じて、米会所で買った米切手を当該の藩蔵屋敷に提示して、そこに保管されている現物米を引き出すということになります。

発行された一〇〇〇石分の米切手のうち、一〇〇石分の現物米を引き出したとします。一〇〇〇石分の米切手の発行でも、その都度に実際に動く米は一〇〇石分しかないわけです。そうなると、藩の側からすると、まだ九〇〇石の現物米は蔵の中にあることになりま

図⑩　堂島米会所（上）／米切手（下）

す。

そうすると蔵に残った九〇〇石の現物米は、新たに米切手を振り出すための準備米として機能することになります。

話を分かりやすくするために、モデル的に説明するとこうなります。藩の側が米切手一〇〇〇石分を発行しても、一定期間（例えば三ヶ月の四半期）における米の実需に基づく現物米の引き出しが二五〇石ほどとした場合、藩の側は蔵に残った七五〇石を引き当てにして第二回目の米切手一〇〇〇石分を発行することができます。

米切手市場には当該藩が発行した二〇〇〇石分の米切手が流通していますが（正確には、そのうち二五〇石分は現物米に引き換えられているので一七五〇石分の米切手が流通）、続く第二四半期も実需に基づく現物米の引き出しが二五〇石であれば、藩の側はその引き出し請求に応じられるわけです。

同様にして、藩の蔵に残った五〇〇石の米を引き当てにして、第三回目の米切手一〇〇〇石分を発行し、この第三四半期の実需に基づく現物米二五〇石の引き出しに対応する。そして藩の側に残された二五〇石の蔵米を引き当てにして、第四回目の米切手一〇〇〇石分を発行し、この第四四半期の実需に基づく現物米二五〇石の引き出しに対応するということです。蔵米の引き出しがこのように数次に分かれてなされるのは、米という物資が専ら飯米として消費されるからで、飯米需要はおのずから通年性を帯びて平準化されるからです。米切手の発行は、米という商品のこのような特性に基づいているのです。

さて、この第四四半期が終了した時点で、藩の蔵屋敷の蔵米は無くなるわけですが、その時には藩の国元から新米一〇〇〇石が運送されてきて、大坂蔵屋敷の蔵米は充つることになり、円滑裡に右に見たプロセスの初発の状態にもどることになります。そして再び右のような一連のプロセスが繰り返されるということです。そうすると単年ごとに見た場合、藩が蔵屋敷に保有した現物米は一〇〇〇石であったにも拘わらず、米切手は四〇〇〇石分を発行することができ、落札価格が安定していたとすると、藩は米切手という証券を媒介することによって四倍の収入を得ることができるという仕組みです。

つまり藩は年貢米一〇〇〇石があった時、そのまま国元で売却しても金一〇〇〇両にしかなりませんが、大坂の蔵屋敷に送って米切手という手段を用いることによって、その四倍の四〇〇〇両を得ることができるのです。これが諸藩が大坂に蔵屋敷を設けて、国元から年貢米を送り込んでいた大きな理由なのです。米切手はまさに打出の小槌だったのです。

†節度と信用

もちろん右に述べたのは、米切手をめぐる仕組みやその経済的能力を理解してもらうためのモデル的説明にすぎません。現実の経済の運行は、このように整然と進むということはありません。四半期ごとの米の実需に基づく蔵米の引き出し数量を一定額にしていますが、勿論これは不確かなものです。さらに飢饉が発生した時など、不時の想定外の大量の引き出しもあることでしょう。その時に、残存蔵米で対応可能であるかどうか、蔵米売却の責任を負う蔵元（藩から蔵米の売買、すなわち米切手の発行を委託された商人）の腕前が問われるところです。引き出し請求に応じられるだけの蔵米が無いとなると、米切手の破綻であり、大坂町奉行所などの官憲による立ち入り調査と処罰がなされることになります。

米切手の発行額をどれくらいに調整するかも蔵元の判断となります。不渡りによる破綻もさることながら、うまく回転しているからといって、米切手を大量発行していると、米会所における米切手の相場が下落をして所期の収益が得られないということになります。現物蔵米の数量を大幅に超えた米切手の過剰発行（「過米切手」「空米切手」と呼ばれます）であると市場が判断すると、投げ売りを呼んで、この方面から破綻していきます。米切手は有力な経済的武器ではありますが、欲得が過ぎると自分の首を絞めることになりその運用は慎重に節度をもって行われなければなりません。

節度をもって運用される限り米切手は有力な経済的手段であり、徳川社会の経済的発展を牽引した最も重要な要因であったという事が出来ます。

米切手の手法は、実際の蔵米の数量を超えた架空の価値を生み出すものだから、詐欺ではないかと思われる方もあることでしょう。一面ではそうも言えましょう。しかし今日の世界中の通貨制度は、すべてこの米切手と同様の仕組みの上に成り立っているのです。厳密には、成り立っていたと言うべきでしょうが。すなわち、日本を始めとして第二次大戦の前までの世界中の近代的な通貨制度の下では、兌換制度と称して中央銀行の発行している紙幣（日本では日本銀行券）は、中央銀行にもっていけば、正貨である国家の鋳造している金貨などに交換できたのです。

第二次大戦後もかなり長い間、アメリカのドル紙幣は金貨との交換ができました。これが廃止されたのは一九七一年、ニクソン大統領の時のことで、いわゆるニクソンショックと呼ばれて世界中の通貨が大混乱したことがありました。

これらの兌換制度の下では、社会には中央銀行（日本は日本銀行）の発行する銀行券が流通していますが、通常はわざわざ金貨に交換する必要もないから、その銀行券のままで売買、取引が行われています。しかし交換の請求があれば応じなければならないので、各地の銀行はそのための金貨を用意しておく必要があります。それでその交換用に確保されている金貨のことを「準備金」と呼ぶのです。

日銀の発行する紙幣（日本銀行券）は、正貨である金貨の代用物であり、金貨といつでも交換可能とされるものですから、本来は紙幣の発行総金額は、金貨の総額と同等でなければおかしい筈です。しかし現実には、紙幣の発行総額は日銀の保有する金貨の総額を十倍規模で上回っています。正貨である金貨は、ただ交換請求があったときに応じるための「準備金」という位置づけになってしまっています。しかしこの乖離を詐欺だといって騒ぎ立てる人はいないでしょう。むしろこの乖離こそが経済を発展させる原動力となっている訳で、米切手の場合も同様ということができるでしょう。

米は国元の蔵に寝かせておくよりも、堂島の米会所で米切手を振り出す方式で販売するほうが価値を数倍に押し上げる。だから日本中の大名は大坂に米を運んだのです。日本国内の大半の大名が同様の経済活動をするものですから、いまの感覚でいえば、GDPが数倍規模に拡大されたということになるでしょう。

†デリバティブ取引の原点

そして堂島米会所では、このような米切手取り引きが行われるとともに、さらにその米切手を引当（担保）とする先物取引が開発され、取り引きはさらに数倍規模に増大していったのです。この堂島米会所で開発された先物取引の仕組みは高度に洗練されたもので、今日、世界中で行われているデリバティブ取引の基本原理をなすものと評価されています。

この取り引きの要点を述べると、以下のとおりです。すなわち、手持ち資金で米切手そのものを購入するのではなく、手持ち資金を米切手売買にともなう差額決済の担保金として会所の決済機関に預けておき、三ヶ月先、六ヶ月先の米切手の売買を行うというものです（今日の限月決済の先物取引の原型です）。

いま手持ち資金が一〇〇両あるとしたとき、これで一〇〇石分の米切手を購入する通常の取り引き（これを「正米取引」と言います）の場合、米価が三ケ月のちに一割上昇したとすると、米切手の価値は一一〇両となり一〇両の利得となります。一割下落した場合は、一〇両の損失となります。

これに対して先物取引の場合は、この手持ち資金の一〇〇両を右の差額分のところに充当するという発想です。特に損失を出した時の保証金とするのです。つまり三ケ月後の米価の目論見が外れて損失を出した場合を見越して、損失、一〇〇両までを限度とする取り引きを行うという考えです。つまり、そこで仮想されている取り引きの規模は一〇〇〇両ということです（一〇〇両が一割の損失となる元資金は一〇〇〇両）。

これらの損失保証をしたうえで、もし目論見が当たった場合には、一〇〇両規模の利得があるということです。この業者は一〇〇両の手持ち資金で一〇〇両規模の利益が得られるということです。しかし目論見が外れた時には、保証として差し入れた一〇〇両は没収です。先物取引の恐ろしさと威力《パワー》をまざまざと見せつけられる思いです。

先物取引では実際の米切手の売買取り引きは行われません。それは先物の売り買いを記入した帳簿上の仮想の取り引きであって、売買の差額だけが問題となります。帳簿上の差額取引なのですが、いみじくも堂島米会所では、この先物取引を「帳合米取引」と名付けていました。堂島米会所では、午前は通常の米切手売買を行なう「正米取引」を、午後に入ると「帳合米取引」という振り分けでした。

このようにして、通常の米切手取引だけでも経済規模は数倍に膨らんでいたのですが、帳合米取引を導入することで、さらにそれを一〇倍規模で拡大させる力能を発揮していたのです。大坂で商業が発展し、全国の大名が蔵屋敷を設けて回米を行っていた要因として、地理上の利便性などもありますが、最大の理由は右に見たような大坂の信用経済力にあったということです。

†相互の信用のみで成り立つ頼母子

いまでこそさまざまな経済の法律があり、規制をかけて安定的に取り引きが行われていますが、徳川時代には経済に関する法律も規制もなければ、不正を監視する証券取引等監視委員会のような強い権限をもった組織もありませんでした(「行司」という仕切り役があるぐらいです）。取り引きの中で詐欺瞞着を行おうと思えば好き放題にできたわけです。もちろん、不正が横行すれば自ずと経済は崩壊します。しかし、そうはならなかった。

徳川時代の経済は相互の信頼関係のみによって取り引きが成り立ち、意図的な不正を行わないということを前提に発展してきたのです。これは特筆すべき点です。そしてさらに、そのような人間的な信用、信頼の精神が経済的な信用となって草の根レベルにまで浸透していたことを示す事例が「頼母子《たのもし》」です。

頼母子は一種の互助システムで、徳川時代には盛んに行われていました。たとえば、現在の感覚で出資金を三〇万円としましょう。これくらいの金額は中途半端なもので、飲み食いするには十分すぎますが、事業の元手としては少なすぎます。そこで、参加者が一〇人集まり、三〇万円ずつ出資すると三〇〇万円となります。これくらいあれば、ちょっとした商売の元手にもなるでしょう。その三〇〇万円を、くじ引きで当たった者が受け取るのが頼母子の仕組みです。

仮にAさんがくじに当たったとします。三〇〇万円はAさんのもので自由に使うことができます。ここまでなら富くじと変わりませんが、頼母子は第二回、第三回と続きます。開催間隔は自由で、一年ごともあれば、半年ごとでもよいのですが、一〇人が参加したのであれば、第一〇回まで続くのです。興味深いのは、第二回以降も同じメンバー全員が三〇万円ずつ出資しますが、一度当たった人はくじを引く権利がないということです。一回ごとに当選該当者が減っていき、これを一〇回繰り返すことで、参加した一〇人の全員に必ず三〇〇万円を手にできる機会がまわってくる仕組みです。

この仕組みは、相互の信用がなければ絶対に成り立ちません。初回で当たったAさんの立場であれば、次回以降は当たらないことを承知で三〇万円ずつ出し続けなければならないのです。そんなのは馬鹿馬鹿しい、資金調達の目的はすでに達したと言ってAさんが逃げてしまえば、頼母子は成立しません。そうではなくて、逃げることなく全員が誠実に掛け金を出し続けていたというところに、頼母子の偉大さがあるのです。

†「草の根資本主義」が果たした役割

頼母子の経済効果は、これだけに留まらないでしょう。全員が信頼するにたり得る人間だということがわかれば、この頼母子は第二期があり得ます。第一期の頼母子の結果として全員が三〇〇万円を手にして、商売などで一儲けしているのであれば、今度は掛け金を五〇万円や一〇〇万円に増やして、より大きな金額を手にできる機会をつくることも可能になるのです。前の頼母子の時に、勝ち逃げしたり、持ち逃げするようなことが無かったということが、参加者間の信頼を醸成して、高額の掛け金を安心して掛けることができるのです。

頼母子は資本形成の有力な手段ですが、これほど人間的な信用、信頼関係の求められるものもないでしょう。信義・信頼関係が強固であるならば、巨額の資本形成が可能となるということです。こうして見るならば、頼母子において全員が最後まで誠実に掛け金を出し続けることのできる社会が、いかに偉大な社会であるかが理解できるでしょう。それはその成員の人間としての偉大さを示すと同時に、それを基礎にして巨額の資本形成を達成するという経済的力能の意味においてもそうであったのです。

人間的な信用は、経済的力能の謂《いい》でもあったということです。徳川社会において信義・信用が強固であった背景に、武士道の信義・信用を重んじる精神、「武士に二言なし」と唱えられ、約諾は命にかけても守り実行するという気風があったという点は見落とすことはできないのではないかと思います。もちろん商人の世界独自の商道徳、例えば近江商人たちの間に唱えられていた「三方よし」の精神なども、その背景をなしていることは言うまでもないことです。

この頼母子という相互金融の仕組みを利用して、大きく成長する商人も出てきます。ここから、庶民の草の根レベルの資本主義が始まっていきました。実際に、近代に入ってから日本各地にあった頼母子の組織(「頼母子講」)は「相互銀行」と名前を変えて日本の経済を下支えします。今日でも第二地方銀行と改称して、そのシステムは脈々と続いているのです。

大銀行から見れば、相互銀行はスケールの小さな金融業には違いありません。しかしながら、都市の大資本ではなく、全国各地にある多数の中小規模経営のために機能してきた相互銀行は、大銀行よりも実質的には大きな役割を果たしてきたのではないかという気がします。

頼母子そのものは小さい仕組みです。しかし、それが日本全国の津々浦々で営まれ、二〇〇年にわたって恒常的に持続されてきた社会というのは、非常に強力な社会です。三〇万円が飲み食いで消えていく社会と、それが集まって資本形成ができる社会。この違いはとてつもなく大きい。人間的な信用が経済を支え、誰も勝ち逃げや持ち逃げをしないのですから持続的経営が可能となり、そこから合資会社、合名会社そして株式会社という近代的な会社制度も容易に導入されることになるでしょう。そこに日本の社会が近代化を遂げることができた大きな理由を見ることができると思います。

†打ち毀しはなぜ起きたか

そうは言っても、いつの世も逸脱する人間はいるものです。自己利益に走って私腹を肥やす者はどこにでもいました。そういう連中には、制裁が加えられました。「打ち毀し」という社会的制裁です。

これは一種の人民暴動です。徳川時代には定期的に起きていて、とくに飢饉のときなどに突然発生しました。民衆が集まり、「天から御札が降ってきた」「世直し大明神の託宣（お告げ）があった」などと口々に叫びながら、日頃から欲得ずく、悪徳な所業をしているような者の家屋や店を破壊するのです。

打ち毀しは、「猫の茶碗まで壊せ」というくらい徹底的に破壊するのが常ですが、そこには「絶対に物を盗んではならない」という暗黙のルールがありました。なぜなら、盗むことが目的ではなく、徹底的に懲らしめることが目的だからです。

こういう社会的制裁が定期的に起こっていましたから、裕福な商人は貧しい人たちにせっせと炊き出しを行ったりして、公益に資するようにしていました。だから個人の利得を求めることが簡単だったにも拘わらず、エゴイスティックな悪どい商売がはびこることもなかったのです。

†庶民の力で藩主の悪事が粛正された一揆

打ち毀しと類似した行動に、一揆があります。両者の違いは非常に微妙で、通念としては農村社会における年貢問題などを原因とする集団行動が一揆であり、都市における物価高などに端を発した暴動を打ち毀しと呼んで区別されます。

経済の話からは少し離れてしまいますが、一揆に関しては徳川時代の半ばにおもしろい事件がありました。郡上《ぐじょう》一揆と呼ばれる一件です。

郡上藩主の金森頼錦《かなもりよりかね》という大名が無体に増税をしたことにより、困窮した農民たちは嘆願するのですが、一向に聞き入れてもらえない。そこで農民たちは幕府に直訴して、なんとか救済してもらおうとしたのです。それは暴動ではなく、集団訴訟という動きでした。ところが、何度直訴しても幕府には通らない。なぜかというと、金森が幕府の役人に手を回して、農民の訴えを握り潰していたからでした。最後に頼ったのは有名な目安箱でした。奉行所の役人にではなく、将軍に対する直訴です。

ときの将軍九代家重は、この事件には幕府の役人が絡んでいるのではないかと疑い、そこで農民たちの訴訟をさばく幕府の最高裁判所（「評定所《ひょうじょうしょ》」）に、自己の信頼できる腹心を送り込んで、裁判を監督させました。すると、幕府の高級役人、すなわち若年寄、勘定奉行から最高級の役人である老中までもが、この事件に関与し、もみ消しに関わっていたことが判明したのです。その結果、厳しい判決が下され、幕府の勘定奉行から若年寄、そして老中までもが次々に処罰され、大名の金森家も改易で潰されました。

一方の農民の側も、騒乱罪というかたちで処罰を受けはしましたが、事実上の勝訴です。大名を改易させたのみならず、幕府の高級役人たちを解任・永久謹慎という、その当時としては考えられないような重い処罰を引き出したのですから。

この件の調査を担当し、評定所の裁判を監督、指揮して大名金森や幕府役人たちの悪事を暴いた人間こそ、かの田沼意次でした。彼が出世の道を歩き始めたのは、じつはこの郡上一揆を見事に裁いたのがきっかけだったのです。

郡上一揆の顚末を考察すると、当時の徳川幕府もなかなかたいしたものだと感心します。農民を処罰はしたものの、相討ちのかたちで大名も改易し、幕府中枢の高級官僚もことごとく処罰をした。郡上一揆は、日本におけるデモクラシー発達の歴史の中でも重要な事件だと私は考えています。

†成熟した江戸の政治体制

政治体制というのは、紆余曲折を繰り返しながら、時代とともに、どんどん成熟していくもののように思われていますが、必ずしもそうではないのかもしれません。むしろ、二〇〇年以上にわたる持続的平和を実現していた徳川時代の政治や文化を研究していると、今日よりも成熟していたような印象さえ抱きます。

徳川時代は、政治というものは国家と人民のためにあるという観念が、非常にしっかりしていました。いまの政治のあり方を見ていると、自分の地盤を固めて、地域への利益誘導ばかりに奔走し、最後には自分の子どもに世襲させることを考えるのが当たり前のようになっていますが、徳川時代の政治は天下公共のためにあるという意識がはっきりしていました。

米沢藩の上杉鷹山は、こんな言葉を残しています。

「国家人民の為に立たる君にして、君の為に立たる国家人民には無之候《これなく》」

まるでヨーロッパやアメリカの近代的政治宣言の翻訳のように聞こえませんか。けれども、原文のままなのです。「人民」という言葉も「国家」も、その通り出てきていますが、上杉鷹山がこの言葉を記したのは天明五（一七八五）年のことです。驚くべきことに、フランス革命（一七八九年〜）よりも四年も前に、日本の武士は、これだけの言葉を堂々と発していたのです。

温故知新と言いますが、先人たちが培った考え方の中には、今日のわれわれが見習うべき思想や哲学がたくさん包み込まれているのです。

第9章 女性と武士道——武士道の主体としての女性

かねてより私は、武士道に対する日本人の理解には、正さなければならない大きな誤解があると感じていました。それは、武士道が男性特有の概念であり、女性には無関係であるという論調です。

日本では源平合戦の頃に活躍した巴御前《ともえごぜん》という女性がいます。源頼朝と同じ源氏一族でありながらライバル関係にあった木曽義仲（＝源義仲）に仕えた女性で、美貌と武勇を兼ね備えていたといわれます。甲冑を帯して騎馬に乗り、長刀を持って敵と戦う姿は錦絵にも描かれていますが、木曽義仲が源頼朝に敗北する寿永三（一一八四）年の近江国粟津の戦いでも、巴は最後まで奮戦し、義仲が討たれたあとは、何処へとなく消えていきます。

このような勇猛果敢な女性武勇者の存在が、日本では古くから数多く認められています。

†巴御前とジャンヌ・ダルクの違い

戦場で活躍した女性というと、多くの人は一五世紀のフランスに登場したジャンヌ・ダルクを連想されるかもしれません。百年戦争におけるイギリス軍の侵略を撃破するという大きな功績を上げたジャンヌは、フランスにとって救国のヒロインです。

武勇という点では、日本の巴御前とフランスのジャンヌ・ダルクとは相似ています。しかし、彼女たちに対する社会の扱い方には、天と地ほどの違いがあるのです。

日本の巴には、掛け値なしに大きな称賛が捧げられました。後々、男勝りの働きを見せる女性がいると、「今の世の巴御前」という言い方がされたものです。それほどまでに巴御前というのは武勇の女性のイメージとして、日本人の間に広く認知されたのです。

一方のジャンヌ・ダルクはどうなったかというと、火あぶりです。捕らわれの身となった彼女の最期は、焚刑《ふんけい》でした。＊当時のヨーロッパ社会では、焚刑は異端者に処される酷刑です。このことは、戦場で勇猛果敢に戦い、男勝りの活躍をしたジャンヌ・ダルクが、社会からは魔女と見なされていたことを示しています。

＊キリスト教やイスラム教には「最後の審判 last jadgement」の思想があります。人々はこの世においてさまざまな行いをなしたのちに亡くなり、墓地に埋葬されます。しかしそれは

図⑪　錦絵に描かれた巴御前（PPS通信社）

暫定的な処置に過ぎず、やがて「最後の審判」の日を迎えることになります。その時、人は神の前に立たされて、永遠の天国か、永遠の地獄かの苛烈な宣告を言い渡されるのです。この姿はミケランジェロがバチカンの聖システィーナ礼拝堂の天井壁画として描いた壮大な人物群像図として、よく知られています。

この「最後の審判」に際しては、人は五体揃った姿で神の前に立つことが必須なのですが、火刑や火葬によって骨が灰となってしまうと、それが叶わないのです。それ故に、ヨーロッパ・キリスト教世界では、火刑が最も残酷な刑罰とされるのであ

図⑫　焚刑に処されるジャンヌ・ダルク（PPS通信社）

り、魔女に適用される刑罰です。同じことはイスラム教徒についても言われることで、日本で亡くなったイスラム教徒の人を火葬に処することは憚られるのです。

ここが日本の武士道とヨーロッパの騎士道との決定的な違いです。騎士道では、女性が男性のような身なりをするということがそもそも魔女の証《しるし》であり、男勝りの働きをしていることが魔法の力によるものと認識されるのです。

騎士道では女性は尊重されます。その根底にはマリア信仰があり、女性は聖母マリアのような理想の存在として崇拝はされますが、それがために常に保護の対象として扱われ、実質的には子どもと同じような権利や関係しか与えられないということにつながっていくのです。女性尊重でありながら、女性の隷属化という矛盾した状態に包まれることになり、結果としてヨーロッパ・キリスト教世界では、女性の不自由と家父長制的支配が基調となるのです。

ですから、戦場で培われた思想や理念は、ヨーロッパでは男性特有のものであり、そこに女性が入り込む余地ははじめからないということになるわけです。

†女性による仇討ち

それに対して、日本では女性の武勇は決して特異な事例ではないとさえ言えます。木曽義仲には巴御前と並んで山吹御前という女性が仕えていて、こちらも美貌と武勇の人であったことが伝わっています。

また、関ヶ原合戦での有名なエピソードですが、東軍に属して伊勢国安濃津《あのつ》城に立籠って戦った城主の富田《とみた》信高《のぶたか》という武将がいました。西軍に包囲され、安濃津城が陥落寸前というときに、一人の若武者が城から外に打って出て、押し寄せる敵を見事な槍さばきでもって退けます。ところが、その様子を城内から見ていた人々の中には、この突然現れた若武者が誰なのか知っている人はいなかった。城内に引き上げてきたので、その者に信高が声をかけて兜の中をのぞきこむと、そこに見たのはなんと信高の妻であったということでした。まるで小説のような話ですが、どうやらこれは事実のようです。そして、信高の妻もまた、「今の世の巴御前」と讃えられたのです。

さらに、徳川時代に入ってからは、後に文楽の作品『加賀見山旧錦絵《かがみやまこきょうのにしきえ》』にも仕立てられた、女性による仇討ちの有名な話もあります。石見《いわみ》国浜田藩・松平家の江戸屋敷で起こった事件が素になっています。殿様の寵愛を受けた新参の若い局《つぼね》が、嫉妬した古参の局からさまざまないじめを受け、そのいじめを苦にして自害をしてしまいました。ところが、その新参の局に仕えていた小間使いの女性が、主人の恨みを晴らすべく、その憎い古参の局を討ち果たしました。

通常であれば人殺しですが、松平家ではこれを「仇討ちである」と認定しました。今日流の法律用語で言えば「違法性阻却事由（＝正当化事由）」ということになり、殺人の罪が消されたわけです。そればかりか、その小間使いの女性は亡くなった局の養女という扱いで中老格に昇進し、松平家の世話でしかるべきところに嫁入りしたという話です。

この女性の仇討ち物語が、加賀藩のお家騒動の物語の中に織り込まれるという脚色で、天明二（一七八二）年に人形浄瑠璃として初演されると、「主君の仇を討ったのだから、まさに女忠臣蔵である」と、たいへんな評判になりました。

このような事例が数多く存在することを踏まえれば、日本の武士道は女性の生き方にも大きな影響を及ぼしていたと考えるのが、ごく自然な帰結ではないかと思うのです。

†『七種宝納記』に記された女性の武士道

ここで一つ問題になるのは、次の点です。史実の中に見る女性の武勇についての事例と、それを称賛する多くのエピソードを見渡して、それらを広い意味で女性の武士道と呼んで差し支えないと思います。しかしながら、これらに対して、厳密に学問的な意味で「女性の武士道」と規定できるのかどうか、いまひとつ確信がもてないでいました。「武士道」という言葉と概念を、そこに適用して果たして問題ないのかという逡巡でした。

ところがこの点に関して、近年、幸いにして決め手になると考えられる文献を探し当てることができました。元禄年間に松江藩松平家の家老であった香西頼山（茂左衛門隆清）という人物によって書かれた『七種宝納記』という本がそれです。これは自らの来歴と、二人の子どもに与えた家訓を記した書です。彼には男子がなく、女子二人が跡継ぎでした。そして『七種宝納記』には、女性の武士道に関する内容が、「武士道」という言葉とともに語られています。少し長いのですが、貴重な記述なので、当該箇所の全文を紹介します。

長刀は女も習ひたき事なり、士の女は武士の用の事をば知りたき也、具足の著やうなど覚へたき事なり、昔も静などは長刀の上手と見へたり、今に静が長刀、公方の重宝になれり、巴・山吹、その外女にも武士道こゝろへたる者多し、今に至てその名高くとゞまれり、琴三味線を習ふ暇あらば、具足の名所をもおぼへ、脇差・刀などもさし習ひ、刀の振りまはしをも知るやうにすべし、女なりとも侍の娘たらんものは、一心男に負るにあらず、形こそ男女の隔てあり、何しに変わるべきや

静御前、巴御前、山吹御前といった女性の名前が出てくるところが象徴的ですが、要約するとこうなります。

女子といえども武士の家に生まれた以上は、男子と何ら変わるところはない。琴や三味線を習う暇があるならば、武具である甲冑の部分名称を覚え、刀や脇差を腰にさす練習をし、刀の使い方を知るようにしなければならない。女性であっても、侍の娘である以上は、男に負けない程に武術を身につけておくべきだ。男女変わるところはない、と。

小太刀ではなく、通常の大刀を持って戦えるだけの力量を備えよというのは、いささか乱暴に聞こえるかもしれません。しかし、戦国時代から徳川時代にかけての女性には、じつは相当な力持ちもいたということがいくつかのエピソードからも知られています。今日の日本の女性の体格や腕力とはだいぶ違うのです。女性が大刀を振り回して戦う姿は、少

しも不自然ではなかったに違いありません。両刀を携えて日頃から稽古に励みなさいという女子に対する教えも、侍の家ではそれほど突飛なことでもなかったように思われます。

女性の武士道を考える際には、日本人の体格の変化ということも考慮しなければならないでしょう。

†徳川時代の日本人の体格

徳川時代の約二〇〇年間は、鎖国という状況もあり、肉食をしないで米食（麦食）中心でしたから、現代人ほど背は伸びませんでした。身長は戦国時代のほうが高く、体格もよかったのです。それは甲冑などの武具のサイズから推定できます。徳川時代の成人男性の平均身長は一五〇センチ程度、いまの小学五年生の平均身長と同じくらいでした。

総じて武士よりも商人のほうが体軀《たいく》は大きかったと私は推測しています。一概には言えませんが、食生活は商人のほうが豊かだったに違いありません。幕末の頃の写真を見ると、武士は痩せて貧相な人ばかりですが、商家の旦那衆は顔つきも体つきもふっくらとしている人が結構います。

有名な話ですが、五代将軍の徳川綱吉は、身長一二〇センチくらいしかなかったといわれています。それが劣等感となって専制権力に走ったという説もあるほどです。

ところが、その時代に六尺（約一八〇センチ）の大男が現れます。それが八代将軍の吉宗です。なぜ吉宗だけ大きかったのでしょうか。彼の母親は百姓の娘でした。百姓の娘が紀州藩の和歌山城で奉公しているときに、殿様の徳川光貞のお手がついて生まれた四男が吉宗です。ですから本来であれば将軍どころか藩主にすらなれないくらいの存在だったのですが、どういうわけか、次から次へと巡りあわせで紀州藩五〇万石の藩主になり、さらに五歳で七代将軍となった家継が八歳で病死。将軍家の跡取りがいなくなったことで、あれよあれよという間に吉宗は将軍になったわけです。母親の出自が百姓だったということが、吉宗の体格がよかったことの要因かもしれません。

吉宗の大男ぶりは、「野外での狩りの時、遠くからでも一目でわかった」と言われたくらいですから、別格だったはずです。

つまり、多くの男性はいまよりも小柄だったことを考えれば、男性に負けない体格の女性も少なくなかったはずです。『七種宝納記』には、日本には昔から巴御前などのように「女にも武士道こころへたる者多し」とあり、女性の武士道は、当時の社会において認知されていたと判断できるのではないかと思います。つまりは、武士道というのは男女の性差に関係なく、要は人としての心の有り様が問題であるということが重要なのです。

†他国に先んじた女性の自由尊重

女性が保護の対象とされる騎士道に則したヨーロッパの社会では、女性が一人で街を出歩くようなこともタブーとされました。中流階級以上では男性が財産を管理しますから、女性は財布も持たされなかったのです。

アジアでも、中国の既婚女性は外出が禁じられていました。家の一番奥の部屋に閉じ込められるような状態で、来客をもてなすのに妻が出てくることはありませんでした。

そういった世界の常識と比較すると、徳川時代の日本の女性たちがいかに自由であったかが際立ちます。浮世絵には、呉服店の越後屋（三越デパートの前身）の店先で、女性たちが反物の品定めをしたり、店員と交渉しながら買い物をしている様子がたくさん描かれています。未婚既婚を問わず、女性同士でショッピングを楽しむのは日常的な光景だったのです。

買い物だけでなく、外でおいしいものを食べたり、歌舞伎を観たりするのも、女性は自由でした。さらに言えば、歌舞伎を見物するだけでなく、楽屋で役者と落ち合ったりすることまでありました。どこの芝居小屋にも桟敷席から楽屋に通じる抜け道があり、そこを通ってお気に入りの役者にこっそり会いに行くことができたのです。

なぜ、そんなことが分かるかというと、元禄時代の終わり頃の正徳四（一七一四）年、幕府を震撼させることになる江島生島《えじまいくしま》事件という一大スキャンダルが発生します。あろうことか江戸城大奥の江島というお局《つぼね》が、山村座という芝居小屋で役者の生島新五郎と密会していたことが発覚したのです。この事件のあと、「芝居小屋の桟敷席から楽屋に通じる抜け道を閉鎖するように」という幕府のお達しが芝居町に出されていることによって、そのような手管のあったことが分かるのです。

芝居茶屋などで裕福な婦人が役者を接待することは「役者買い」と言われました。一種の女性パトロンで、女性にとって、どの役者を贔屓にするかということが高尚な趣味のようなものでしたが、「役者買い」という言葉があったということからして、当時の女性の自由さを物語っているように感じられます。

†三行半の真実

徳川時代の女性の自由度を表すもっとも顕著な例は何かといえば、それは当時の女性が離婚請求権を持っていたことです。「三行半《みくだりはん》」というのは離縁状の別称で、多くは「我等都合により離縁致し候」といった書き出しで始まります。今後はどこへ縁付こうとも勝手次第だという内容を、三行半でしたためたことでこう呼ばれるようになりました。

夫から三行半を突きつけられた女性は、家を追い出されて泣く泣く実家へ戻される。三行半という一片の紙切れでもって妻の座を追われていくという、権利や自由を持たない徳川時代の女性の弱さや従属性を示す代名詞のように言われてきました。ところが今日では研究が進み、三行半の意味がまったく逆転してしまいました。三行半は横暴な亭主がかよわい妻に突き付ける離婚通告書ではなくて、妻が自由を獲得するために夫から奪い取る離婚確認書であり、再婚許可証というのがその本質だったのです。

単に男性からの離婚の通告であれば、言葉だけで足ります。「出て行け」と言って追い出せば済む話です。それをわざわざ書面にする理由は、三行半の最後に書かれる「しかる上は向後《こうご》何方へ縁付き候とも勝手次第」という文言が重要なのです。自分とわかれた以上はどこの誰と一緒になってもかまわないという承諾書ですから、三行半を書かせれば女性は暴力亭主から逃れることもできましたし、若い燕と一緒になることもできたのです。

いくら自由度が高いとはいえ、既婚女性が三行半をもらわずに夫以外の男性と駆け落ちしたりすれば、これは不義密通であり、姦通《かんつう》罪になります。見つかれば二人とも死罪です。だから三行半がどうしても必要なのです。

しかし、夫もおいそれとは三行半を書きはしません。まして不義密通の疑念があれば、「お前の了見はわかっているぞ、勝手なことはさせるものか」と、意地でも書こうとはしないものです。ならば、女性はどうするか。そこで出てくるのが「駈込み寺」です。

駈込み寺の仕組み

駈込み寺とは、男子の立ち入りが禁じられた尼寺です。縁切寺とも言われ、京都などには各所にあります。関東では限られており、代表的なのは鎌倉の東慶寺と足利の満徳寺です。鎌倉の東慶寺は駆込み寺、縁切寺として有名で、徳川時代には松岡御所とも呼ばれ、いまも北鎌倉駅の目の前にあります。

夫と離縁したい女性は、東慶寺の場合、駈込み寺に入って二年間の尼奉公をします。実際に得度して僧侶になるわけではありませんが、二年間修行をすると、俗世との縁が切れたことになるのです。そうなったら駈込み寺の尼僧が女性の夫のところへ出向き、「もう縁は切れたのですから三行半を書きなさい」と通告するのです。

それでも夫が三行半を書かない場合は、尼僧が奉行所にこれを訴え出ます。すると、夫は召喚を受け、お白州に引き出されて、「寺法はすでに成立している。これ以上、強情を張ると牢屋入りか手鎖だぞ」と叱責され、夫は泣く泣く三行半を書くことになる——という手順で離縁が成立するわけです。

夫と離縁したい女性にとって、駈込み寺は最後の頼みの綱でした。離縁したくない夫にしてみれば、駈込み寺に行かれたら手も足も出せなくなります。そんな男女の心情を描いた浮世絵もあって、これは足利の満徳寺の図ですが、いままさに縁切寺に駈け込もうとする女房が、追いかけてきた夫につかまえられそうになった瞬間、履いていた草履を寺の門内に放り投げ、寺内の人間がそれを受取ろうとしている様が描かれています。放り投げられた履物が境内の人間にうまく受取られたらタッチダウン！ 見事に駈込み成功ということになるのでしょう。そんな切迫感がおもしろおかしく表現されています。

図⑬足利の満徳寺

女性の側が離婚を請求する権利を持っていて、夫の横暴から女性を救済する仕組みまでできていたのが徳川時代の社会なのです。前近代の社会において、女性の自由がこれほどまでに尊重されていたのは、おそらく世界でも日本だけだったことでしょう。

第10章

明治武士道とその後——近代化と国家主義

武士道の概念は徳川時代の中で完成を見たと私はとらえています。しかし、時代が明治になって以降も、新たな武士道ブームが沸き起ります。とくに日清・日露戦争の頃から「武士道」という言葉が盛んに引用されるようになり、その間アメリカで出版された新渡戸稲造の『Bushido: The Soul of Japan』が、明治四一（一九〇八）年に日本でも刊行されたことで、「武士道」という言葉があらためて注目を集めるようになります。

とはいえ、明治以降の武士道論は、徳川時代までの武士道論とは少し趣を異にしているところがあるというのが私の実感でもあります。

†国家主義と武士道

新渡戸自身は文久二（一八六二）年生まれですから、彼の『武士道』には徳川時代の武士の雰囲気の名残というものが感じられます。しかし、明治になって刊行された他の武士道書を読むと、いささか首を傾げざるを得ないものが多々あります。顕著に見られるのは、儒教の教説と言える内容が、あたかも日本固有の武士道であるかのように論じられているという傾向です。そこが徳川時代までの武士道との大きな相違点です。もちろん徳川時代の武士道にも儒学の影響は少なからず認められるものの、武士道はかの「意地」や「恥」「約諾」などをキーコンセプトにしながら、独自の思想内容を保っていたのですが、明治期の武士道というのは儒教とほとんど変わりないものに変質していきます。

同時に、廃藩置県と秩禄処分によって、武士の系譜は士族というかたちで残りはしますが、支配階層としての武士は事実上いなくなります。士農工商の身分区別から四民平等となった社会の中で語られる武士道は、徳川時代のそれとは自ずから違ってくるという側面もあります。いわば、明治独特の雰囲気から新たに表現されるに至った武士道と言ってもいいでしょう。

その中にもいくつかの傾向が見られますが、一つは国家主義と結びついた武士道というものが顕著な観念として出てきます。

日本は日清戦争、日露戦争を勝ち抜くことによって欧米列強と肩を並べる一流国家として世界の中で位置づけられていきますが、このような日本の国家的隆盛を支える国民精神として、武士道が喧伝されることになります。「武士道といふは死ぬことと見つけたり」という『葉隠』の言葉の意味するところは「死」の勧めではなく、生死を超越した生の追究にあるということを第5章で述べましたが、明治武士道の下では、国のために命を捧げることが国民の義務だという意味で唱えられるようになるのはその典型でしょう。

もう一つ顕著な特徴は、忠義の観念の変容にあります。武士が登場した鎌倉時代このかた、個々の武士にとって、忠義とは自己の主君に対して捧げるものでした。そして、「主君の主君は主君ではない」という命題が貫徹していました。大石良雄ら赤穂浪士たちは、恨みをのんで死んでいった主君浅野長矩《ながのり》の無念を晴らすため、幕府の裁決では無罪とされていた吉良義央《よしひさ》を討ち果たしています。これは取りようによっては、幕府の意向に反逆していることにもなりかねませんが、彼らは自己の主君のために仇討ちを決行します。自己の主君が重要なのであって、主君の主君の意向は二の次ということです。

もっと顕著なのは元和五（一六一九）年、広島藩主であった福島正則が江戸において幕府から改易されたとき、国元の福島家臣団が取った行動です。かれらは広島城で籠城抵抗の姿勢を示し、領国の国境を軍事封鎖して、城地接収の幕府使節の入部を阻止したのです。「主君正則から広島城と領国の留守を預かった以上、いかに将軍の命令といえども城地を引き渡すことは不可である」というのが福島家臣団の主張でした。それはまさに「主君の主君は主君ではない」という原理を地でゆくものでした。

この一件は最終的には、江戸にあった、正則が自筆の開城指示の書付を国元の家臣団に送ることによって解決を見ています。

つまり、徳川時代までの武士の社会における（庶民の社会も同様ですが）忠義というのは、自己の主君、主人に対するものであり、主君と従者との間における御恩―奉公という契約関係の中で発揮されるものでした。

ところが、明治時代以降の近代の武士道においては、このような関係は「封建道徳」として否定され、忠義はただ独り天皇に対してのみ果たされるべきとされてしまいます。つまり、天皇が全国民の忠義をその一身に集めるものとされたわけです。したがって、赤穂浪士の物語はときとしてネガティブに捉えられることすらありました。赤穂浪士の忠義は、主君浅野に対して向けられていて、天皇の存在への配慮が欠落していると考えられたためです。

ここに、明治以降の近代武士道の大きな特徴があります。アメリカの文化人類学者であるルース・ベネディクトが、日本文化研究の成果として一九四六年に出版した『菊と刀』は日本文化研究の傑作として知られていますが、同書には一つ奇妙な論述があります。日本の武士の思想と行動を分析している箇所で、日本の武士の忠誠は天皇に向けられていたという認識が示されているのです。

私は、まだ学生だった頃に同書を読んで、その卓越した日本文化の分析に感動したものでしたが、この武士の忠誠を論じた箇所には、とまどいを覚えました。なぜ、こんなおかしな叙述があるのかと、たいへん訝《いぶか》しく思ったものでした。

これは明らかに誤認です。なぜ彼女がこのような基本的な誤りを犯したかというと、右に述べた明治以降の近代武士道の影響を受けて、それを前近代の武士社会の全体に押し及ぼしてしまったところにあるかと思います。また戦前の研究者たちが、鎌倉時代以降に見られる武士たちの勤王精神を取り出してきて、ことさら強調していたことによって、右のような認識の混乱を引き起こしていたわけです。

明治以降の近代武士道はその意味において、天皇の下への忠誠の独占という様相を呈しています。それは欧米列強と対峙する中で、国家の一体性と独立を堅持していくために必要なことであったかと思いますが、本来の武士道と忠義の観念がもっていた契約性と自立性の契機が失われていったことは大きな問題でした。

†キリスト教と結びついた武士道

二つ目の傾向としては、キリスト教と結びついたところに明治武士道の特徴を認めることができます。明治時代におけるキリスト教の広まりは、プロテスタントの受容が多くを占めています。新渡戸稲造がそうであったように、入信者の多くは元武士階級であり、他にも内村鑑三、植村正久、新島襄《にいじまじょう》、本多庸一《よういち》といった名前が挙げられます。

当然そこには、武士道とキリスト教との関係というものが問われなければなりません。たとえば内村鑑三は、『武士道と基督教』というタイトルの講義録の中で、次のように述べています。

「武士道は切腹《はらきり》と仇討《かたきうち》ばかりでありません。其内に基督教に似寄りたる多くの貴き教があります。私ども日本人が初めて基督教に接して強く之に牽《ひ》かるゝ理由は茲《ここ》に在ります。基督教に日本人の心に強く訴ふる所があるからであります。多くの点に於《おい》てイエスと其弟子とを武士の模範として見ることが出来るからであります」

内村は、正義と真理のためには命を惜しまない日本人の精神と、キリスト教の犠牲の精神とが共鳴すると述べ、こう続けます。

「彼等は自づからこれに牽かれてイエスの忠実なる僕《しもべ》とならざるを得ないのであります。

そして明治の初年に当って多くの日本武士が此精神に由りて基督信者に成ったのでありま す」

イエスと使徒の関係は、武士の世界における主人と従者の関係と相似であると内村は指摘し、「イエスの武士気質」「イエスの武士らしき人格」という表現によって、そもそもイエス自身が武士的な存在であるという見解を示しています。

また、イエスの弟子であるパウロに対しては「ユダヤ武士」という表現を使い、「恥よりもむしろ死を重んじ、名を重んじるところはまさに武士的である」と評しています。さらに『武士の模範としての使徒パウロ』という論説では、「真正《ほんとう》の武士にして武士道の精神を体現したる者であった」とまで書いています。

日本人の気質に関しても、義を重んじ、名を重んじる精神は「神の賜《たまもの》」であり、日本人が信義に敏感なのは、神と人とに尽くそうとするためではあるまいか、と内村は述べています。つまり、武士道の精神は神の賜であり、その武士道とキリスト教とが合体することによって、真の高貴なる宗教が完成するという考え方を内村は説いていたのです。

†なぜ武士道とキリスト教は結びついたか

新渡戸稲造の場合も、著書の『武士道』を読めば、旧約聖書・新約聖書からの教えと武士道の教えとの類似を、いろいろなかたちで論じていることがわかります。キリスト教の精神と武士道の精神との一体ということが、新渡戸においても強調されているわけです。

今日のわれわれであれば、近代文明や西洋文明とその宗教とは、切り離して考えるのが通常です。欧米の思想を勉強するために自らクリスチャンになるべきであると考える日本人は、ほとんどいないでしょう。しかし、明治の頃の日本人の発想はむしろ逆で、キリスト教の受容なしに欧米の近代文明を取り入れることはできないと考えたと思います。

かつて、日本人は中国の文明を導入するために、仏教や儒教を理解することに努めました。いわば、そのアナロジーです。仏教や儒教を受容したときと同じように、明治時代の元武士たちは西洋の文明を導入するために、その基盤にあるキリスト教の精神を受容しようとしたと考えるのは自然な発想です。したがって、キリスト教に入信することにも大きな抵抗感はなかったと考えられます。

明治になって、武士であるという特権を失った士族たちが、自らの存在意義と精神的な拠り所を模索する中でプロテスタントの教義に着目したことは、明治武士道の大きな特色です。そして、徳川時代までの武士道がキリスト教と結びついたことによって、士族たちに近代的な自我の形成をもたらしたと見ることができます。それは同時に、社会での指導的な役割を担った人々の個人のエートスともなっていったことでしょう。

明治の武士道は、一方では国家主義的な思想と相まって膨張主義と軍国主義につながりますが、他方ではキリスト教と結びつくことで内面的な「個」の形成を促すこととなりました。この二つの意味において、武士道は武士のいない明治時代になっても、依然として日本人の生き方に多大な影響を及ぼし続けたと言えるわけです。

†近代化と個人の自立

明治時代における武士道に言及した指導者の中には福沢諭吉もいます。福沢は、近代社会における個人のあり方を問われたときに、次のような発言をしています。

「真実の武士は自から武士として独り自から武士道を守るのみ。故に今の独立の士人も、その独立の法を昔年の武士の如くにして、大なる過なかるべし」(『福翁百話』)

ここで福沢は、個人の自立とはどのようなことであるかを説いています。それは、かつて真実の武士というものは自らの見識と信念に基づいて武士道を守り実践した。そのように現代社会において自立した生き方を目指す人の場合も、かつての武士が武士道を守って自立していたごとく、それに準じた生き方をすることが個人の自立につながると考えて大過ないだろう、と述べているのです。

明治時代の近代社会に必要だった個人の自立という課題に対して、福沢は「武士道モデル」とでも言うべきものを提示したのです。興味深いのは、だいたいにおいて福沢は、前近代の武士社会を呪っているくらいの人物として知られているということです。「門閥制度は親の仇」という有名な言葉を残すほど、武士社会には批判的な目を向けていました。

福沢は中津の下級武士の出身だったために、上級武士にずいぶんと屈辱的な扱いを受けた経緯があったからです。言ってみれば、武士社会の何たるかを身を以て理解していたのが福沢なのです。その福沢にして、なおかつ武士道のエートスが近代世界において、人間の生き方として十分有効であると認めている点は注目すべきところです。

これもまた、武士道が近代の日本において果たした役割の重要さを物語っているのではないでしょうか。

†家父長制が受容された背景

明治時代になってからの武士道の変容という観点で、女性の話も加えておきましょう。徳川時代までの武士道は、男女の性差なく考えられてきました。一般社会でも、女性の立場は非常に自由であったことは前章でお話しした通りです。ところが、明治になって日本の女性の立場は大きな曲がり角を迎えます

その要因は家父長型のヨーロッパ民法が日本に入ってきたことの影響によるものだと考えられます。これは一般に「ナポレオン法典」と呼ばれ、フランス革命の時代につくり上げられた進歩的な民法典といわれていますが、その進歩的なところが、徳川時代の日本の社会から見ると逆に隷属的なものとしても現われました。

女性は尊重されるものの、あくまでも保護すべき対象であり、言うなれば一人前の成人として扱われないというのがヨーロッパ社会の伝統でした。そんな家父長型の社会で生まれたナポレオン法典を参考にして日本の民法がつくられたために、近代化の流れの中で女性の権利は甚だしい制約を受け、結果として女性は隷属的な立場に追いやられてしまったということができます。

これには布石となる時代背景がありました。幕末には藩校が拡充され、さらに明治にかけては儒教が強い影響力をもった時期でした。そうすると中国型の、言い換えれば儒教型の家父長制という概念が一般に入り込んできます。前述したように、既婚女性は表に出る

ことすらできないほどの強固な家父長制が中国にはあります。それが日本人の社会に受容されつつあったのです。

ヨーロッパ型の家父長制と、中国・儒教型の家父長制。この二つが明治政府の方針によって新たな家族制度として導入され、その結果として家に縛られた隷属的な女性像というものが日本の社会の中でできあがっていきました。

この流れを踏まえずに単なる発展史観で考えると、「女性は明治時代ですらあれだけ縛られていたのだから、その前はもっと縛られていたに違いない」という思考に陥ってしまいます。現実に、そのような勝手な思い込みが、今日のわれわれの間に長く浸透していたことは否めません。三行半《くだり》をめぐる誤解は、その最たるものであったでしょう。

女性の立場は、中世から江戸にかけてのほうがはるかに自由でした。それが明治になって、社会が近代化することによって、女性は隷属的になるという逆説が起こったのです。これは徳川時代に一定の完成を見た武士道が、明治時代になって大きく変質したことの副産物とも言える現象かもしれません。

第11章 武士道七則──「忠」「義」「勇」「誠」「証」「礼」「普」

　これまで述べてきましたように、武士道と言っても、その内容についてはさまざまな側面があります。武士道には、仏教の経典やキリスト教の聖書に相当するような、まとまった教義や経典というものがあるわけではありません。

　本書で取り上げた『甲陽軍鑑』は、「武士道」という言葉と概念を形成し、軍学の総本山的な地位を築いたことによって、武士道論の歴史の中では際立って大きなウエイトを示していることは事実です。しかし『甲陽軍鑑』が武士道のすべてを覆い尽くしているわけではないし、また『甲陽軍鑑』以外のいろいろな武士道論も存在していて、時代とともに内容を深化させながら広まっていったことが武士道研究によって明らかになっています。

　ですから、武士道を統一的な教義としてとらえてしまうと、むしろ戦時下で曲解・利用されたように、その本質を見失うことにもなりかねません。そうではなく、武士道は往事の日本人の社会的な慣習に則して、半ば自然発生的につくり上げられてきた規範であると、私自身は考えています。

とはいえ、武士道は時代に流されるままに変容してきたと考えるのも正しくありません。その時々に著わされた武士道書の趣意を検討し、そしてまた社会の情勢や事例を鑑みれば、時代を通貫して具現されてきた武士道に共通するいくつかの要素が自ずから明らかになってきます。それらをあらためて整理してみると、単なる道徳一般には解消されえない、武士道特有の原則とも言うべきものが導き出されます。これを私は「武士道七則」と名付けています。

†基幹となる「忠」「義」「勇」

まず、「忠」「義」「勇」の三徳です。この三つの要素は、おおよそどの武士道書や武士道論においても、ほとんど例外なく重視すべきこととして触れられています。この三つが、まずもって武士道の精神の核心であると言ってよいでしょう。ですから、この三つの要素から話を進めたいと思います。

第一が「忠」。これは「忠誠」のことです。鎌倉時代における武士の発生の頃から、主君に対する忠義・忠誠は武士にとってもっとも重要な徳目であることは不変でした。

しかしながら、それは主君の命令に唯々諾々と従うという意味ではなく、あくまでも自分の意見というものを持ち、必要とあらば「諫言」というかたちで、それをはっきりと述べることがむしろ真の忠義・忠誠であるとされました。主君の命令に唯々諾々と従うのは、一見忠誠のように見えるけれどもじつは媚びへつらいであって、武士としては蔑まれ、非難される行為だったのです。

自分の意志、すなわち武士としてのアイデンティティを明確に持ったうえで、身命を賭して主君に従い、お家のために働く。それこそが武士道で重んじられてきた「忠」の意味合いなのです。

武士道書の中でも、とくに忠義ということに深く洞察が及んでいるのが『葉隠』でした。特徴的に記されている「諫言」という言葉は、現代社会に生きるわれわれ日本人にこそ必要な能力と言えるのではないでしょうか。『葉隠』が教える諫言の目的は、私利私欲のためではなく、「国家」、すなわち藩と大名のお家の繁栄のためと明記されています。主君が誤った行動をし、お家が間違った方向に行こうとしていると判断したならば、直言して正すように奮闘努力することが武士の忠義である、その結果として、藩とお家が堅固に発展するという考え方です。

明治以降に国家主義と結びついた武士道論では、「諫言」の部分が希薄になり、命を投げ出してでも絶対服従せよという、極めて乱暴な解釈が一人歩きしました。これは武士道の問題というよりも、武士道の曲解というべきものです。明治の武士道は、武士道本来のよい面も継承していますが、いくつかの点では徳川時代より後退してしまっていると感じざるを得ないところがあるように思います。

†正義のかたち

二つ目は「義」です。これは「忠義」とは少し異なります。忠義は主君に対する行動規範と考えることができますが、ここでいう義はもっと一般的な「正義」の意味合いになります。

武士が目指す正義にはさまざまなかたちがあり、もちろん、弓矢取る身の習いということも大事です。戦いの場においては、正々堂々の振舞いが求められます。また非道なやり口で国を奪い取ったような者に対して、敢然と立ち向かってこれを打倒し、国を奪われた旧主にそれを戻すように取り計らうといったことは、その著しいものでしょう。

戦国武将の中でも越後の上杉謙信は、そのような「義」に強くこだわった一人でした。新興勢力である小田原北条家のために、関東管領としての支配権を奪われ、関東の地から追われた上杉憲政の要請を受けて、上杉謙信は北条討伐のための軍を数度にわたって起こしています。また宿敵ともいえる甲斐の武田家ですが、長篠の戦いで大敗を喫して崩壊寸前であったにも拘わらず、敵の弱みにつけこんで攻め込むのは武士のなすべきことではない、として、武田に態勢立て直しの機会を与えていることも、そのような観点から捉えることができるでしょう。

近世に入って持続的な平和の時代となると、戦争はなくなりますが、右に見たような「義」の観念は形をかえて、例えば弱者であるとか、あるいは窮地にある者から救いが求められた場合には、利得にとらわれずにこれを助けるのが武士の正義とされました。

また持続的平和の中で、武士は行政官僚として能力を発揮しなければならなくなっていきます。そういう時代において、武士の正義の主眼は戦いではなく、「治国安民」に向けられるようになります。国を治め、民を安んじるという働きが「義」の具体的な内容に変わっていったのです。これは公共的「善」と言い換えることもできます。お家を堅固にし、領民の安定した生活を維持するのが武士の務めであり、それこそが正義と考えられるようになるのです。飢饉や災害から領民を護り、治水灌漑をよく整備して生産を高め、他方では増税や苛斂誅求を止めるということでした。

武士道における「義」の表れ方のもう一つは、前述した約束を守るということ、「武士に二言なし」といわれる姿勢です。約諾の遵守によって信義を貫くということが、武士の正義として求められるようになってきます。

戦いにおける兵としての能力が第一に求められた中世においては、武略もまたよしとされました。戦で勝つためには、ときとして嘘や裏切りも許されるという考え方です。これは、生きるか死ぬかという戦国では、約束事よりも生き延びることのほうが武士の第一義とされたからに他なりません。

しかし、二〇〇年にわたる徳川の時代の中では、約束を遵守することもまた、武士が堂々と生き延びていくための大きな要素になるわけです。武士の存在意義《レゾン・デ・トール》にかかわる問題と言ってもよいかもしれません。そして、嘘は蔑まれ、約束を守れない者は武士の名に値しないという考え方につながっていくのです。

第7章で「金打」について解説しましたが、刀に懸けて約束は守る、命に懸けても約束は守るという意思表示の行為は、徳川時代になって出てきた武士特有の慣習です。二〇〇年にわたる平和は、武士の正義の観念をこのように変えていったのです。

†成熟社会の中での武勇

三番目は「勇」です。これは勇気・勇敢ということです。中世の戦国時代においては、戦場で一番槍を目指して目覚ましい働きをすることが勇気の所以でした。しかし、平和な徳川時代においては、むしろ忠義や正義というものを、武力の発動とは違った次元でいかに実行するかが武士にとっての大きな課題となります。

思い出していただきたいのは、序章で述べた福島50や消防士たちの活躍です。死をも恐れずに困難な状況に立ち向かう、あるいは自己の職責を最後までまっとうしようとする精神。そこには、武士道で示されてきた「勇」の精神が、今日でも生きていると私は感じざるを得ません。

そして「勇」には、そのような大事故への対処、あるいは国境警備をめぐる紛争への対処といった局面がありますが、他方ではもっと日常的な問題、すなわち行政上の問題や、会社の運営をめぐる問題においても問われる資質です。さまざまな紛争事や困難な状況に陥った時でも、そこから逃げることなく劣勢挽回に奮闘努力すること。あるいは、組織不正が行われようとしている時に、「それはやってはならない」と声をあげる勇気のことです。あるいは、組織のトップや上司の逸脱した指示・命令に対して、諫言すべき時、それを実行する勇気のことです。

主君の暴走や誤まった命令に対して諫言をなすのは臣下の義務であり、忠義の所以《ゆえん》だということは理屈として頭では分かっていても、いざその声を発しようとすると人はつい尻込みしてしまうものでしょう。それ故に、「勇」という徳目の重要さが強調されねばならないのです。

「勇」というのは、そもそもは力や技による殊勲を指していましたが、時代とともに成熟を果たした武士道には、そこに知恵や責任感といった要素までも内包されるようになったということが大きな特徴です。


この「忠」「義」「勇」の行いを支えるのが、心の有り様と言ってもいいでしょう。根本となる心の正しさが伴わなければ、何が忠義で、何が正義で、何が勇気なのかを的確に判定することもできなくなります。

清明なる心、一点の曇りもない清らかで明るい心がまず根源にあり、それが指し示すところにこそ真の正義があり、真の忠義があり、真の勇気があるわけです。

†自立の源としての「意地」と「恥」

第四の徳目は「誠心」です。誠の心は、行動を導く大きな力です。そして、「忠」「義」「勇」の行動を突き動かす心の能動性は、「意地」という言葉によって表現されます。

意地というのは武士道の中でも重要な概念であり、強い実行力の源になります。そして、その反面となる心の有り様が「恥」です。清明な心にしたがった行動が取れなかったり、途中で立ち行かなかったりしたときに自覚する心的状況が恥です。

この「意地」と「恥」によって人間の心は律せられます。今日では、恥というと世間体としての感情と受け取られることが多いのですが、武士道における恥という概念は、自身の内的な心に照らして恥であるということです。言い換えれば「心に恥じる恥」ということです(「心に恥じる恥」については拙著『武士道——侍社会の文化と倫理』を参照されたい)。

日本文化論の傑作として知られる前述したルース・ベネディクトの『菊と刀』において西洋の「罪」の文化に対して、日本文化の特質を「恥」の文化と捉えた箇所は、特に有名です。そして、「恥」は外面的であり、「罪」は内面的であるという対比図式が示されています。以来、日本人にとって「恥」は、他者の視線や社会からの評価に対して抱く心の動きと規定され、日本人自身もまたそのような観念を刷り込まれたように思います。

しかし、その考察をもって武士道における恥を論じるのは、はっきり言って誤まりです。ルース・ベネディクトが提示した恥の図式は、明治・昭和の時代ならいざしらず、少なくとも徳川時代までの武士道には当てはまりません。これまで繰り返されてきた日本人の「恥」論は、大いに考え直されてしかるべきです。

†善悪の判断は証拠があってこそ

五番目に挙げるのは、少し趣が違いますが、証拠主義というものです。証拠が徳目というのは少し奇妙に思われるかもしれませんが、これもまた武士道においては重要な観点であり、見逃すことはできません。

儒教や仏教では原理原則が大事にされ、お題目がもっぱら唱えられるわけですが、武士道では逆に空疎な観念論を嫌う傾向が非常に強く表れています。それよりも、物事の評価、あるいは事態がどういう状況であるかの判断は、個別の事態における事実に基づいて判定されるべきであるという考え方に立脚します。常に証拠主義に則って行動が規定されるわけです。

これは武士道の大きな特徴です。そして、その思想は武士の能力と評価を決定づけた戦場における働きからきているものと考えることができます。

戦場では、さまざまな判定が要求されます。優劣の判断であれ、誰が手柄を立て、誰がしくじりをしたかという判断であれ、それらの因果関係を語るにおいても、常に証拠というものが求められました。単に物見に派遣された人間の個人的な印象の報告では証拠にはなりません。必ず判断を裏付ける証拠の提示が求められます。そのあたりの教えは、『甲陽軍鑑』にも詳細に記されているところです。

つまり証拠が無しでよければ、人は何とでも言えるということです。言い訳をしようと思えば何とでもごまかせるし、理屈を付けるだけでいいなら、どうにでも付けられる。しかしそれを認めてしまえば、もはや判断するに似て判断ではなくなるわけです。

そして、判断もどきに惑わされて、結果として破滅に至ることになる。そういう事態を避けるためには、それぞれの判断を裏付ける確たる証拠が常に求められるわけです。証拠の裏付けを持った判断のみが依拠できる判断であるということは、とりわけ『甲陽軍鑑』の中で強調されるところです。

是非・善悪は証拠の判断において、根拠において、言われなければならない。つまり、それがなければ、いわゆる口先の上手いやつの話に丸め込まれてしまうという恐れがあるということです。

『甲陽軍鑑』の場合は、武田軍がなぜ長篠の戦いであのような酷い敗北をしたかというところに、同書の書かれた背景があります。そして、武田勝頼に近侍する口先の上手い側近衆の、いわゆる口当たりのいい話ばかりを勝頼が信じ、現実を重んじて諫言できる家臣を遠ざけたことが武田の破滅の最大の原因であると結論づけているのです。そういう反省があって、是非・善悪の判断は証拠に基づいて客観的に行わなければならない、あるいは主君の命令だからと言いなりになるのではなく、主君の命令であっても必ず客観的な根拠をもって当たらなければならないということが強調されるのです。

証拠主義ではなく、明君の有能さに頼っているような場合、その主君がいる限りはその組織は保っていられるけれども、その明君がいなくなればたちまちに、判定の基準も何もないままに迷走してしまうことになります。結句、口当たりのいい甘い判断に流れてしまい、家を滅ぼしてしまうことになりかねません。一方、証拠主義が機能していれば、日頃から客観的根拠に基づいて是非・善悪、理非曲直を判定する習慣が組織成員の間で身についており、仮に優れた指導者が死んでしまっても、ただちに迷走して瓦解するようなことはないということです。これは非常に優れた考え方であって、今日の組織論としても見るべきものがあります。

この証拠主義を強調するのも、儒教や仏教と武士道との大きな違いです。儒教や仏教では、「必ず証拠を出せ」といったことは言いません。儒教では、あくまでも四書五経の命題が重要視されるわけですから、状況ごとの証拠というものを重視した武士道の教えは、より現場の状況に則した規範だったということもできるかと思います。

†礼儀のルーツ

六番目は「礼」が挙げられます。日本人が礼節を重んじる国民であることは世界中が認めているところでしょうが、その根底に武士道の精神があることは疑う余地のないことと言っていいでしょう。

「礼」はもとより中国儒教の教えであり、四書五経とともに日本には古代の六世紀の頃にもたらされました。そして武士の社会の礼法としても取り入れられ、厳格な作法として磨き上げられていったのでした。

『甲陽軍鑑』では、いかに正しい行動であり、どれほど正しい言明であっても、礼儀を欠いては無きに等しいと説かれています。このような考え方は、今日の剣道や柔道といった武道の中にも残っています。優れた技も、勝利も、必ず礼儀の様式の中において行わなければ意味を成さないと見なされるわけです。

自分といかに仲の悪い人間であっても、礼儀はきちんと守らなければならない。たとえ口も利きたくないような相手であっても、道で通りすがればしかるべきあいさつをしなければならない。あるいは、同じ座にたまたま着いたのであれば、そっぽを向くのではなく、しかるべき礼儀を払う。このような振る舞いは、武士の社会では基本中の基本でした。

『甲陽軍鑑』には恐るべきことに、相手が農民・町人であっても礼儀をもって接しなければならないとまで書いてあります。いかなる相手、いかなる場合であっても礼儀を欠いてはならないという戒めです。それほどまでに礼儀というものが重んじられていたわけで、武士道においては、良き行動はよき礼儀の中で行われてこそ真の意味を持つという考え方が徹底されていました。

ひるがえって現代を考えると、「最近の若者は礼儀がなっていない」という年長者の苦言は毎度のことですが、世界的なレベルで見れば日本人のマナーや礼儀はナンバーワンと言われます。日本は万事にわたって礼儀の行き届いた国というのが、外国人の一般的な印象のようです。ある中国人の方のブログには、「礼儀は本来、孔子が日本に伝えたはずなのに、中国ではなくなってしまい、日本には残っている、なぜだ」と書かれていました。これは非常におもしろい意見です。

中国では文化大革命などがあり、古来よりの精神的な財産が失われたという事情もあるかもしれませんが、それを差し引いても日本人の礼儀正しさは中国人も認めるところなのでしょう。中国から入ってきた礼儀が、日本では武士社会の中における礼儀ということで一層純化され、人々が生きていくうえで不可欠なものにまで昇華されたと言ってもいいかもしれません。

つまり、武士の社会で礼儀に反すれば、「無礼者」というかたちで相手に刀を抜かれてしまう。ですから武士の社会では、礼儀を守ることは、文字通り命懸けの問題にもなってくるわけです。だからこそ、緊張感をもって礼儀が守られてきた。日本で礼儀がないがしろにされずに今日に至るまで残ったのは、武士たちの生き方の規範である武士道の中に組み込まれたことによるところが大きいのではないかと思っています。

†武士道の普遍性

さて、七つ目には「普《あまねく》」ということを挙げました。普遍の普です。第9章で詳しく述べたように、武士道は男女の性差を前提としないこと、女性を差別しないところは武士道の極めて大きな特徴です。

西洋の騎士道は最初から女性を排除していますし、儒教も女性を蔑視しているところが多分にあります。その他、イスラムの教えなども含めて、世界中の民族の規範となる概念と照らし合わせてみても、武士道ほど男女平等の立場を取っている見地は、極めて稀であります。幼い男の子も、女の子も、各地の寺子屋で分け隔てのない教育を受けることができました。当時、これは他国ではあまり例のないことです。

武士道はまた、本書で詳しく述べたように武士階級だけのものではなく、広く一般庶民にも受け入れられ、国民道徳としての普遍性を備えていました。武士道のエートスが、今日の日本社会にまで受け継がれているのは、それが徳川時代の中で社会のすみずみにまで浸透していたからであると思います。

そして更に言えば、このエートスは民族としての日本人の中に伝わるのではなく、社会のDNAとして伝わるものだとも指摘をしました。日本社会の中に長く暮らしているなら、そのような狭い民族的な壁を超えて、どのような人であってもその感覚を共有できるのではないでしょうか。

また日本社会の中に暮らしておらずとも、武士道的な行動様式や精神、価値観に強いシンパシーを覚えるならば、武士道のエートスは世界の誰であっても共有しうるし、武士道はそのような普遍性を備えていると感じます。

冒頭の、電車をみんなで押して乗客を助けたというニュースは世界を駆け巡り、世界の人々に強いインパクトを与えたようです。そしてこのような日本人に固有の行動と思われたものが、そのインパクトを通して世界の人々の心性を揺さぶり、オーストラリアやインドにおいて、同様の救助活動を乗客たちが行ったという報道が相次ぎました。武士道の精神は、充分に普遍的たりうることと思います。

終章　いま生きる武士道

最後に現代に立ち戻って、これまでお話ししてきた武士道というものが、今日のわれわれの社会にとってどのような意味を持っているのかについて考えてみたいと思います。

本書の序章で、事故や災害といった危急のときに発揮される助け合いの精神、そして、協力しながら困難を克服していく姿の中に、武士道のエートスが見て取れることを述べました。いまなお日本人の心に根付く武士道の一例です。

一方で、失われつつある武士道の精神、言い換えれば、いまこそ日本人が取り戻さなければならない武士道の精神もあると私は感じています。

†傑出した者への否定的なまなざし

今日の社会において、武士道が何に役立つのかを考えてみたとき、私が関心を強く持つのは「いじめ」の問題です。とりわけ学校でのいじめは非常に深刻であり、いかにして解決するかは喫緊の課題と言わざるを得ません。

いじめにも、いろいろなタイプがあります。たとえば、ガキ大将の悪さのようなものは、どこまでがいじめなのか判別しにくいところであり、子供の頃に取っ組み合いの喧嘩もしたことがないというのは、むしろ不自然に思えることもあります。ですから、いじめというものを杓子定規にとらえて、単に仲良くすればいいと言うつもりは毛頭ありません。

ただ、明らかにあってはならないと思ういじめがあります。しかもそれは、昨今増えていると指摘されているタイプのいじめです。それは、なにがしか突出しためざましい行為をした者に対して、あえて否定的に関わり、さらにはそれを貶めようとする行為です。

たとえば、非常に良い行いをして学校で表彰されたり、先生から褒められたりしたといったとき。あるいは、ピアノやバレエの発表会などで、たいへんに素晴らしい演奏・演技をして、人々から称賛を浴びたといったとき。そういう生徒が、クラスの中で「生意気だ」と言われたり、「目立ちたがり屋」と言われたりして、いじめのターゲットにされてしまうようなケースです。

とくに私が気になるのは、「目立つ」という言葉がネガティブに使われていることです。なぜ、傑出した素晴らしい行いをした生徒に対して、否定的な言葉や目が向けられるのか。

「目立ったから」という理由にもならない理由によって、傑出した人を引っ張り落とすというのは、言語道断です。

しかも、そのいじめのやり方が極めて陰湿です。典型的なパターンとして見受けられるのが、その人との関係を断ち切るように振る舞う、「無視する」といういじめです。学校の中だけでなく、外で出会っても口を利かなかったり、ネット上での各種のつながりをすべて切ったりする。人的関係を絶ち、情報遮断をすることで、いじめのターゲットをどんどん孤立に追い込んでいくという、許しがたい事態が非常に多く起きています。

いじめの構図には、必ず友だち同士の関係性を仕切る中心的な役割の者がいます。そして、周りにいる友だちをどんどんいじめの構図の中に引きずり込み、傑出した生徒と関わらないように仕向ける。こうして陰湿ないじめが、ウイルスのように感染・拡散していくことになります。

日本の農村部には、昔から「村八分」という風習がありました。特定の相手を仲間はずれにするという意味では、同じ構図に見えるかもしれません。しかし、村八分は地域における大切なルールを破った者に対する制裁措置であり、傑出した者を貶めるいじめとは根本的に異なります。例えば、稲作農耕にとって必要な農業用水を独り占めしたり、汚染させてしまうような自分勝手の行為に対して、それを止めるように警告しても聞き入れないといったようなケースで「村八分」は発動されたのです。単に、気に食わないからといった理由でのいじめとは根本的に違います。

また、「八分」は無視しても、火事や葬儀のときは助け合うという「二分」のつき合いは維持されていました。学校のいじめのように、相手の存在のすべてを無視して否定していくような行為ではなかったのです。無視といった陰湿なやり方によって、卓越した資質をもつ子どもたちが潰されていく現代のいじめは、現代社会に特有の病理のように思えます。

†「敵ながらあっぱれ」の精神

相手がルールを守らなかったり、悪事を企んだりしているのであれば、それを批判するのは当然のことです。その相手が主君や上司であろうとも、機をはずさず、率直に批判することが大切であるという教えは、「諫言」という言葉で『葉隠』に記されている通りです。同輩の間でも、おかしなことがあったり、不正に近いことがあれば、それを指摘し批判するというのは当然のことでしょう。

ところが、相手に非がなく、ただ傑出していること自体が生意気だから懲らしめてやるというのは、批判どころか屁理屈にもなりません。周囲から評価されたことが気に入らないというのは劣っている者の妬みでしかなく、甚だ醜悪で愚かな行為です。

にもかかわらず、そういういじめが横行しているのは、外からは見えにくいことが一因と言えます。表面的には気づかれにくいいじめは、救いの手が及ばずに、水面下で蔓延します。そして最悪の結果に至ったときに、はじめて事の次第が明らかになる。それでもなお、事態を調査した学校側などの報告で、「いじめの形跡は認められなかった」と結論づけられることも少なくありません。

暴力などの直接的な形跡を残さない精神的ないじめは、なかなか発覚しません。だからこそ、陰湿ないじめはどんどんエスカレートしていくのです。このパターンが日本の教育現場で何度も繰り返されていることを考えると、到底放置しておくことはできないと思うのは、私だけではないはずです。

そのような陰湿ないじめが起こる状況に、武士道の精神はどう関与できるのでしょうか。これは明白です。そのような卑怯な行いは、もってのほかであるというのが武士道の感覚です。この感覚が身についていれば、そのような卑怯な行為は「自分の心に恥じる恥」として、自らブレーキがかかるはずです。これこそが現代の卑劣ないじめに対するもっとも有効な処方箋になるのではないかと私は思います。

なおかつ武士道においては、常に「正々堂々」とした傑出した行いが大きな目標であり、理想なのです。眼目になります。従って、なにがしかの目覚ましい行動、傑出した人物があったならば、それを率直に讃え評価するのが武士道における態度です。

みなさんも耳にしたことがあると思いますが、「敵ながらあっぱれ」というのは、武士の戦の中から出てきた言葉です。たとえ敵対する相手であっても、見事な働きをしたのであれば、それを武士は率直に認めて評価しました。そして同時に「次は見ておれ」と、自らの向上心への糧ともしたのです。

これを捲土重来《けんどちょうらい》と称します。自分が相手よりも劣っていることを事実として受け入れ、その反省に立って巻き返す努力に励む。この意識によって、より高い次元での競い合いが生まれ、弱さを克服することにつながるだけでなく、切磋琢磨することによって互いに伸びていく関係が築かれていく。それこそが、武士道に学ぶべき人と人との関係であると私は考えるのです。

『甲陽軍鑑』には、「どんなに気に食わない相手でも、どんなに仲の悪い輩であっても、その人間が行った優れた業績を正当に評価できないのは弱い侍である」という旨が述べられています。私は、武士道の教えの中でも、この考えこそが最も秀でたものであり、現代の日本人、日本社会にとって最も必要とされる心構えではないかと思います。

敵であれ、嫌いな相手であれ、秀でた成果に対しては客観的に評価できる目を持っている武士こそ、真の武士であり、強い武士なのです。その精神が、「敵ながらあっぱれ」という言葉にも表れているわけです。学校でのいじめの問題において一番必要とされる考え方ではないでしょうか。武士道を現代社会で役に立てようとするならば、まさにこの局面ではないかと私は確信しています。

同調志向が組織を滅ぼす

傑出した存在を貶める学校でのいじめの構図を、そのまま放置するとどうなるか。人はなるべく目立たないように振る舞おうとし、抜きん出るよりも周囲と同調することばかり考えるようになります。

いじめには、必ずそれを仕切る中心的な人間がいて、暗黙のうちにまわりにサインを送っています。それが、いわゆる「空気」です。そこから「空気を読む」が出てきて、「空気を読めないやつ」はいじめのターゲットにされてしまいますから、誰もが「空気を読む」ことに心を奪われ、なるべく目立たないように振る舞うようになるわけです。

実際に、そういう状況が小学校、中学校、高校、大学、さらには企業にまで広がりつつあるように感じられてなりません。学校でのいじめの構図が企業の中にまで及べば、これはもう全社会的な問題になってきます。かつての、小・中学校いじめ世代が、今や日本社会の中堅に位置しているのですから、これは相当に深刻な問題と言わざるをえません。

社内で特定の社員がいじめられるということも問題ですが、事態はもっと深刻です。たとえば、会社の中でさまざまな談合であるとか、不正な行為があったとします。このときに求められるのは、それに対して「ノー」と言える人材です。かつての武士の社会に置き換えれば、「それはおかしいのではないですか」と、主君であれ、上司・同輩であれ、はっきりと声を挙げ、直言できる家臣がいるかどうかが、お家の命運を左右するのです。

ところが、目立った者が潰されるような空気が組織内に蔓延していれば、誰も「ノー」とは言えなくなるでしょう。一人の指導者の下に全員が黙って従う体制は、一見すると火の玉一丸のごとき結束に思えますが、それは脆い組織です。調子に乗っているときは伸びるけれども、一度つまずくと総崩れになる。それは『甲陽軍鑑』が書かれた背景でもある、武田軍の壊滅的敗戦が物語っています。

『甲陽軍鑑』や『葉隠』が説く強い組織の根本は、内部の人間一人一人が自立的であるということです。組織の全員が事なかれ主義に陥ってしまえば、組織の方向性に何らかの間違いがあったとしても、社員は保身のために見て見ぬふりをするようになります。それが企業内に不正の隠蔽体質をつくってしまうのです。現在のようないじめの構造を早急に解決できなければ、不正を内部から浄化する企業の力はどんどん失われていくに違いありません。

†創造性の欠如

いじめの構図から派生する、もう一つの大きな問題は創造性の欠如です。社員がみんな同調思考に陥ってしまった会社では、創造性に富んだ成果など期待できるはずがありません。いくら声高に「創造性が大事です」「創造性を発揮しましょう」などと謳ったところで、目立つことが評価されないばかりか、いじめの対象になってしまう空気が社内にあれば、新しいものをつくったり、斬新なアイデアを提案したりすることなどできるはずがありません。むしろ、みんなと同じように、なるべく当たり前のことしかやらなくなります。そういう考え方に、いまの日本人は幼稚園や小学校の頃から慣らされてしまう環境に置かれているとも言えます。

創造性の欠如は、産業経済の観点からも非常に深刻な問題です。日本のこの一〇年を見た場合、はたして創造的・革新的な仕事があっただろうかという疑問にとらわれます。つまり、人々をあっと驚かせ、世界を引っ張っていくような日本人の仕事が、すぐには思い浮かばないのです。

バブル経済の崩壊後、日本の社会は「失われた二〇年」といわれる時期を経験してきましたが、私は日本の経済が停滞し始めた頃から、このままいじめの構造が続けば社会の創造力の欠如につながるという警鐘を鳴らしてきました。事あるごとに口を酸っぱくして唱え続けてきたのですが、残念ながらいままさに恐れていたことが現実化してしまったように感じてなりません。

ノーベル賞を受賞した山中伸弥教授のｉＰＳ細胞が世界的に注目されました。これは創造的な仕事として当然評価されてしかるべきだと思います。しかし、山中教授の経歴を見ると、決して傑出した才能を評価されていた研究者ではなく、むしろ落ちこぼれ組とまで言われていたことに驚かされます。

少し穿った見方ですが、エリートコースに乗ることもなく、目立つことのなかった山中教授がｉＰＳ細胞を生成する技術の開発に成功したことは、日本の社会で創造性に富んだ仕事ができにくくなっていることを逆に示唆しているようにも感じられるのです。

†いじめの構図を断ち切る

いじめの構造は、傑出した人間を潰してしまうという直接的な問題、そして、人材の創造性の欠如という間接的な問題、さらには組織的不正が隠蔽されるという社会的な問題につながっていきます。これは倫理的にも、教育的にも、そして経済的にも、日本にとっては大きな損失です。

会社の風土が事なかれ主義に陥ってしまえば、優秀な人材は才能を発揮することができずに埋もれていくか、さもなくば会社を飛び出してベンチャー企業で志をまっとうするか、ということになります。立ち上げたベンチャーを支援してくれるスポンサーがたくさん集められるのであれば、後者の道も将来性はあるでしょう。しかし、才能はあるけれども資金がないという場合には、海外の企業や研究機関に移って仕事をするという選択肢も出てきます。そうなれば、傑出した頭脳の海外流出が進むという事態につながります。

繰り返しますが、いじめの構造をいかにして断ち切るかは、日本の社会にとって喫緊の課題です。それに対して、日本人の心の中で永きにわたって培われてきた武士道の精神は、間違いなく有効な手立ての一助になると信じています。

そして、いじめの問題に限らず、武士道がもっともっと見直されるべき局面が、いまの日本の社会には山ほどあるとも思います。冒頭に掲げた駅のホームにおける小さな人助けの問題から、大震災・大災害に際しての心構えと復興への取り組みという国家的な課題に至るまで、そしてそのような行動様態が世界の人々を感動させ、感化することによって世界をも良い方向へと変えていく力を発揮することもできるのです。

その意味で、こうして武士道の何たるかをたくさんの方たちにお伝えできる機会が得られたことは非常にありがたいと感じていますし、みなさまにもまた、武士道を単に過去のこととして振り返るのではなく、現代の行動精神として心に留めておいていただければと願うのです。

参考文献

家永三郎『日本道徳思想史』（岩波書店、一九六三）
池上英子『名誉と順応――サムライ精神の歴史社会学』（NTT出版、二〇〇〇）
石井紫郎『日本国制史研究〈3〉日本人の法生活』（東京大学出版会、二〇一二）
石井進『鎌倉武士の実像』（平凡社選書、一九八七）
同前『鎌倉武士の実像』（平凡社、一九八七）
石田文四郎『日本武士道史の体系的研究』（教文社、一九四四）
魚住孝至編・解説『諸家評定』（新人物往来社、二〇〇七）
大隈三好『切腹の歴史』（雄山閣、一九七三）
小澤富夫『歴史としての武士道』（ぺりかん社、二〇〇五）
笠谷和比古『主君「押込」の構造――近世大名と家臣団』（平凡社選書〔一九八八〕、講談社学術文庫〔二〇〇八〕）
同前『武士道名誉の掟』（教育出版、二〇〇一）
同前『武士道と日本型能力主義』（新潮選書、二〇〇四）
同前『武家政治の源流と展開』第十章「武士の儒教的エートスと近代化」（清文堂出版、二〇一一）

同前『武士道――侍社会の文化と倫理』（NTT出版、二〇一四）
勝部真長編『山岡鉄舟の武士道』（角川書店、一九九九）
菅野覚明『武士道の逆襲』（講談社現代新書、二〇〇四）
栗原荒野編著『校註　葉隠』（青潮社、一九四〇）
郡司健「江戸後期幕府・諸藩における西洋兵学受容と大砲技術」（『大阪学院大学通信』四三巻九号、二〇一二）
小池喜明『幕末の武士道――「開国」に問う』（敬文舎、二〇一五）
古賀斌『武士道論考』（島津書房、一九七四）
近藤斉『近世以降武家家訓の研究』（風間書房、一九七五）
佐伯真一『戦場の精神史――武士道という幻影』（NHKブックス、二〇〇四）
坂田吉雄『戦国武士』（京都大学人文科学研究所、一九六五）
相良亨『武士道』（塙新書、一九六八）
佐藤忠男『忠臣蔵――意地の系譜』（朝日選書、一九七六）
島本得一『徳川時代の証券市場の研究』（産業経済社、一九五三）
進士慶幹編『江戸時代　武士の生活』（雄山閣出版、一九六二）
関幸彦『武士の誕生――坂東の兵どもの夢』（NHKブックス、一九九九）
同前『武士の原像――都大路の暗殺者たち』（PHP研究所、二〇〇四）
高木侃『三くだり半――江戸の離婚と女性たち』（平凡社選書、一九八七）

高橋富雄『武士道の歴史』全三巻（新人物往来社、一九八六）
竹村英二『幕末期武士／士族の思想と行為――武人性と儒学の相生的素養とその転回』（御茶の水書房、二〇〇八）
谷口真子『武士道考――喧嘩・敵討・無礼討ち』（角川叢書、二〇〇七）
田原嗣郎『赤穂四十六士論――幕藩制の精神構造』（吉川弘文館、一九七八）
千葉徳爾『たたかいの原像――民俗としての武士道』（平凡社選書、一九九一）
津田左右吉『文学に現れたる国民思想の研究』1-5（岩波文庫、一九五一―六五）
辻善之助『日本文化史Ⅲ』第三十章「武家社会の道徳」（春秋社、一九五〇）
同前『日本文化史Ⅳ』第三十章「武家社会の道徳」（春秋社、一九五〇）
豊田武『苗字の歴史』（中公新書、一九七一）
中康弘通『切腹――悲愴美の世界』（国書刊行会、一九八七）
奈良本辰也『武士道の系譜』（中央公論社、一九七一）
橋本実『武士道史要』（大日本教化図書、一九四三）
平出鏗二郎『敵討』（一九〇九、復刊・歳月社、一九七五）
深沢秋男『斎藤親盛（如儡子）伝記資料』（近世初期文芸研究会、二〇一〇）
古川哲史『武士道の思想とその周辺』（福村書店、一九五七）
アレキサンダー・ベネット『武士の精神《エトス》とその歩み――武士道の社会思想史的考察』（思文閣出版、二〇〇九）

前田勉『近世日本の儒学と兵学』（ぺりかん社、一九九六）
丸山真男『忠誠と反逆――転換期日本の精神史的位相』（筑摩書房、一九九二）
三浦周行『喧嘩両成敗法』（『法制史の研究』岩波書店、一九一九）
三田村鳶魚『武士道の話』（『三田村鳶魚全集』第二巻、中央公論社、一九七五）
村上泰亮・公文俊平・佐藤誠三郎『文明としてのイエ社会』（中央公論社、一九七九）
山本博文『殉死の構造』（弘文堂、一九九四）
和辻哲郎『日本倫理思想史』下巻（『和辻哲郎全集』第十三巻、岩波書店、一九六二）

あとがき

武士道というと、固いというイメージがあるかも知れません。一般の人にとっては、何かとっつきにくい、自分とは関係ない話だと受け止める人が少なくないように思われます。

しかし本書に述べたように、それはわれわれのうちの誰の中にでも眠っているものなのです。普段はそれと意識していないけれども、突発的な事故や、大地震のような災害に見舞われるといった非日常的な事態に遭遇した時に、それらへの対応をめぐって突如目覚め、そして大きな力を発揮するものなのです。

それはまた他方では、日本社会における人間関係の基本が信義・信頼に基づいているという特徴とも関わっているようです。遺失物は、だいたいの場合、戻ってきますし、カバンを置いてトイレに行っても、盗まれることはまず無いでしょう。財布を置いて席取りをする人もいます。自動販売機が、深夜に屋外にずらっとならんで、何ら問題にならないのは、それこそ日本だけのことでしょう。

これらの気風が武士道に由来するものであるかどうかについては、当然議論のあるところでしょう。神道、仏教、儒教、また「三方よし」に示される商人道徳といった様々な要素も考慮しなければならないでしょう。しかし、その中でも、信義・信用の貫徹にその存在意義《レゾン・デトール》をかけようとした、徳川時代の武士と武士道の及ぼした影響を逸することはできないのではないかと思うのです。

本書はもと、ＮＨＫラジオの文化講座「こころをよむ」シリーズの中の「いま生きる武士道」一三回分の講座テキストブックとして作成し、出版したものです。今回、筑摩書房からの御要請により、加筆修正を加えたうえで、ちくま新書の一冊として出版する運びとなりました。前作のテキストブックの作成にあたってもＮＨＫ関係者の方々の御助力に預かりましたが、今回の新書版の出版に際しても筑摩書房ならびに同社編集部の松田健、天野裕子御両氏にひとかたならずお世話になりました。記して深甚の謝意を表すものです。

二〇一七年五月

著者識

本書はＮＨＫラジオテキスト『いま生きる武士道――その精神と歴史』
（二〇一五年一〇月一日刊）に大幅な加筆修正を加えたものである。

ちくま新書
1257

武士道《ぶしどう》の精神史《せいしんし》

二〇一七年五月一〇日　第一刷発行

著者　笠谷和比古（かさや・かずひこ）
発行者　山野浩一
発行所　株式会社 筑摩書房
東京都台東区蔵前二−五−三　郵便番号一一一−八七五五
振替〇〇一六〇−八−四一二三
装幀者　間村俊一
印刷・製本　株式会社 精興社

乱丁・落丁本の場合は、左記宛にご送付ください。
送料小社負担でお取り替えいたします。
ご注文・お問い合わせも左記へお願いいたします。
〒三三一−八五〇七　さいたま市北区櫛引町二−六〇四
筑摩書房サービスセンター　電話〇四八−六五一−〇〇五三

ISBN978-4-480-06960-3 C0212